兵庫と朝鮮人
－こぼれた歴史を拾って－

堀　内　稔

はじめに

　本書は、『むくげ通信』に発表してきた「史片」を中心に、若干の手直しをして収めたものである。

　朝鮮の歴史やことばを学ぶグループとして「むくげの会」がスタートしたのは1971年4月。会の活動の報告やメンバーの研究の成果を発表する場として、『むくげ通信』を発行してきた。大体2ヶ月に1回のペースである。この通信のひとつのコーナーとして「史片」があった。

　「史片」は主張や論文ではなく、朝鮮史のいろいろなことがらを辞典的なイメージで書くことであった。会のメンバーが、各自の興味や研究テーマのなかから項目を選んだ。ページ数は1ページが普通で、多くても2ページであった。

　私も当初は、朝鮮共産党再建運動を研究するなかで、「12月テーゼ」とか「東方労働者共産大学」、「京城帝大RS協議会事件」といったテーマで書いていた。しかし1990年代なかば以降はほとんど植民地時代の兵庫在住朝鮮人に関するテーマになってしまった。

　その理由は、そのころ兵庫県における朝鮮人に関する新聞記事集めが一段落したことによる。この新聞収集の目的の一つは、1945年までの兵庫県における朝鮮人の労働運動の研究のためであった。

　私は1979年から在日朝鮮人運動史研究会の関西部会にも属しているが、むくげの会とは異なりそこでの研究発表は、わたしにとってはいささか高度なものであった。普通の会社に勤め

ているため、資料収集のつても時間もない。そこで私が選んだのは、兵庫県内の朝鮮人の労働運動をテーマとすることであった。それなら資料収集は主に兵庫県に限られる。

　そこで関連した新聞記事を収集することを始めた。1980年代の半ばくらいからだったろうか。時間のあいた土曜日、日曜日ごとに神戸中央図書館に通った。図書館の郷土資料室にある各新聞のマイクロフィルムを、朝から夕方までひたすらフィルムリーダーを回しながら見た。1905年から1945年までの『神戸新聞』、『神戸又新日報』、さらには『大阪朝日新聞』、『大阪毎日新聞』の神戸、阪神版などの在日朝鮮人関連の記事をコピーした。また朝鮮語の新聞、『東亜日報』や『朝鮮日報』などは、神戸中央図書館内にある青丘文庫のお世話になった。『東亜日報』は縮刷版やコピー版があり、『朝鮮日報』はマイクロフィルム版がある。

　とにかく朝鮮人の関係した記事は、単純な窃盗や殺人、自殺などの事件を除き、記事の大小にかかわらず収集した。コピー代は1枚30円。私と同じように朝鮮関係の新聞記事を集めていた兵庫朝鮮関係研究会の金慶海さんとは、マイクロフィルムのリーダー室でよく一緒になったが、「まるで金食い虫」だとぐちをこぼしていた。なお、金慶海（故人）さんが収集した新聞記事は、きちんと整理されて青丘文庫に収められている。

　新聞のページが少ない1910年代ぐらいまでは、1年間分を見るのにそれほど時間はかからなかったが、新聞のページが増えるにつれ1年分を見る進度は遅くなり、1930年代では1日中見ても半年分がせいぜいであった。

　こうした新聞記事収集の成果として、1998年にむくげ叢書として『兵庫朝鮮人労働運動史　八・一五解放前』を出版した。

　集めた新聞記事の中には、労働運動と関係しないものも多い。

はじめに

どこそこの工事現場で働いただとか、児童の教育だとか、居住地域の問題などである。そこで、こうした記事をもとに「史片」を書いていくことにした。新聞記事そのものが単発的であるため、系統立てた論証、つまり発端から結末までをはっきりさせることができないものが多いからだ。

『むくげ通信』の「史片」は、これまで 155 回連載されている。そのうち私は 69 回書いており、69 回のうち 50 回ほどが兵庫の朝鮮人に関するものだ。そこで、主として兵庫の朝鮮人に関するものを中心に、一冊の本にまとめることにした。「史片」を若干手直ししたほか、「研究ノート」として通信に載せたものも若干採用した。

朝鮮人が日本に多く渡ってくるようになったのは 1910 年代後半からだ。朝鮮が日本の植民地となり、土地調査事業などで土地を失い、働くために日本に渡って来ざるを得なかったからだ。もっとも 1910 年代の後半は第一次世界大戦の影響で日本では好況が続いていたが、1920 年代以降の不況の時代になっても、日本にやってくる朝鮮人は後を絶たなかった。

こうした朝鮮人が兵庫県にもやってきて、いろいろな土木工事や工場などで働き、朝鮮人社会を形成した。こうした朝鮮人についての記録は、これまで兵庫朝鮮関係研究会の『兵庫と朝鮮人』(1985 年) や同『在日朝鮮人 90 年の軌跡－続・兵庫と朝鮮人』(1993 年)、『近代の朝鮮と兵庫』(2003 年) をはじめとして、これまでいろいろと書籍にまとめられ出版されている。本書が、これらの書籍とともに兵庫における朝鮮人の歴史の一端を明らかにできれば幸いである。

本書の配列は、内容的に似ている項目、たとえば労働とか教育などに関するものは同じ項目に入れ、おおよその年代順に配列した。また、引用文献は本文の中で括弧に入れて表示した。新

聞記事の引用が多いため新聞名および地方版などは次のように略した。
　『神戸新聞』→『神戸』、『神戸又新日報』→『又新』、『大阪毎日新聞』→『大阪毎日』、『大阪朝日新聞』→『大阪朝日』、夕刊→「夕」、阪神版→「阪神」、神戸版→「神戸」
　なお、新聞記事のなかには「鮮人」とか「日鮮」といった差別用語が使われているが、引用文のなかではそのまま表記した。

<目　次>

はじめに　　3

1　「韓国併合前」のはなし　　11

朝日新塾　　*11*
「併合」前に日本に来た朝鮮の妓生　　*15*
神戸港の中国人労働者入国問題　　*19*

2　土木工事と朝鮮人労働者　　23

姫路・相坂トンネル工事と廃品回収　　*23*
大規模な阪神国道工事　　*27*
円山川改修工事と但馬地方の朝鮮人　　*29*
阪神間の鉄道の高架工事　　*33*
豊峰線工事の朝鮮人労働者　　*36*
神戸大学六甲台校舎建設と百万ドルの夜景　　*38*
事故が多発した尼崎の火力発電所工事　　*41*
姫津線・相坂トンネル工事の事故　　*43*
中国人労働者が朝鮮人を駆逐？　　*46*
矢田川改修工事と朝鮮人労働者　　*48*

3　兵庫の産業と朝鮮人　　51

1910年代前半の海運界と朝鮮人船員　　*51*
神戸のマッチ工業と朝鮮人　　*53*
長田の朝鮮人の始まり　　*56*

但馬の杞柳細工の朝鮮人　　*59*
灘五郷の製壜業　　*62*
神戸港で「固いなまこ採り」－済州島の海女　　*65*
朝鮮人炭焼きの話　　*67*
長田のケミカルシューズ　　*71*

4　朝鮮人児童の教育　　*75*

渡日初期の朝鮮児童と尋常小学校　　*75*
神戸の朝鮮人夜学校　　*78*
尼崎市の朝鮮人夜学断片　　*82*
須磨の朝鮮人夜学　　*84*
神戸の朝鮮人幼稚園　　*87*
西宮の融和団体と夜学　　*90*
関西普通学堂の設立　　*93*
宝塚の融和団体と朝鮮保育園　　*99*
宝塚・伊孑志の朝鮮人夜学　　*104*

5　民族と生活のための運動　　*109*

関西朝鮮人三一青年会　　*109*
阪神間の電灯料金値下運動　　*113*
北神商業学校事件　　*115*

6　朝鮮人スラムと立ち退き問題　　*119*

西宮獅子ヶ口の朝鮮人の立ち退き　　*119*
神戸・高架下のスラム　　*124*

尼崎の朝鮮人立ち退き問題　　*130*
神戸・新川スラムの大火　　*135*

7　密造酒の摘発　　*141*

新聞記事に見る朝鮮酒の密造　　*141*
戦後、尼崎・守部の密造酒摘発事件　　*143*

8　相互扶助の朝鮮人組織　　*149*

神戸朝鮮人消費組合について　　*149*
泗龍親睦会について　　*152*
協和会体制移行と甲南終美会　　*155*

9　日本の戦時体制とのかかわり　　*159*

阪神間の朝鮮人と国防婦人会　　*159*
尼崎協和会の神棚配布　　*165*

10　朝鮮本国と連動した動き　　*167*

神戸の伊藤博文の銅像と大倉山公園　　*167*
純宗の死去と阪神間の朝鮮人　　*176*
神戸で元山ゼネスト支援のスト？　　*181*

11　神戸市の朝鮮人対策　　*185*

兵庫県の救護視察員制度と朝鮮人　　*185*

9

戦前神戸市の教導委員制度　*188*
神戸市社会課の「浮浪者の調査」と朝鮮人　*191*

12　朝鮮人の選挙風景
　　　－兵庫県における普選第1・2回総選挙　*195*

13　宗教関連のはなし　*203*

神戸で初めての朝鮮人キリスト教会　*203*
在神朝鮮人の仏教会館設立　*207*

14　番外－朝鮮本国のはなし　*211*

ノダジ　*211*
日露戦争に従軍した朝鮮人将校　*212*
朝鮮競馬令　*215*

あとがき　*218*

1　「韓国併合」前のはなし

● 朝日新塾

　朝鮮人の教育を目的とした朝日新塾をつくったのは、当時神戸に滞在していた朴泳孝である。開化派の流れをくむ朴泳孝は、1884年の甲申政変(独立党(急進開化派)によるクーデター。親清派勢力(事大党)の一掃を図り、日本の援助で王宮を占領し新政権を樹立したが、清国軍の介入によって3日で失敗した)に加担し失敗後日本に亡命、1894年から95年にかけての甲午改革(日本の指導の下で行われた朝鮮の開化派を中心とした朝鮮における近代化国内改革)時には金弘集内閣の内部（内務）大臣となったが、失脚して再び日本に亡命し神戸に滞在していた。

　朝日新塾は、朴泳孝が「国家の強弱は国民の智愚に由って分れ国民の智愚は教育の如何に由って分るる所以を感じて」設立した（『又新』1901.12.26）。その設立趣意には「今我韓国為世界上最愚最弱之国、以受列強之陵侮侵奪者、實由五百年来文詞撰挙之制、閥閥□□之俗架為弊源、士族妄国僥倖、平民自劃身分以消磨才志、而翦喪廉恥、不知為民報国□対峙応用之学故也」（□は不明字）などと、門閥や士族が跋扈し民に学がないため列強の侵略を受ける最弱小国になった故国の状態を嘆く文言が書かれている。

　金玉均らの開化派は、日本留学などの近代教育を通じて青年幹部を養成し、国の近代化を図ろうとした。『大阪朝日』

（1901.5.18）によれば朴泳孝は、「1895 年政府に入ったのを契機に 500 名の学生を日本に留学させようとしたが、財政的な裏付けが得られず 123 名を慶応義塾に留学させるにとどまった。その後再び日本に亡命したため、このうち 40 名は嫌疑をおそれて帰国したが、80 名は残留して終業したことから、この中から 7、8 名くらいは有望な人物が出るだろう」（記事の要約）と述べているが、こうした開化派（李朝末期、清からの独立と明治維新にならった改革を目標とした政治的党派）の思想を忠実に実践しようとしたものであろう。

そして、「神戸に来てからも 10 数名の書生を関西学院に入学させたが、学業上の都合と学費難でひとまず退校させ、朝日新塾という一私塾を設けてここに学生を寄宿させた」のである。

要するに朝日新塾は、朝鮮の開化運動実践の一つであると見ることができる。

朝日新塾は、「兵庫小川（河）通り二丁目」の熊野卯蔵の持ち家を借り受けて 1901 年 5 月 13 日より教業を開始した（『又新』1901.5.19）。この建物は和洋折衷の 3 階建てで、石の門があり、鉄柵が張りめぐらされているという（『又新』1901.12.24）。また、このへんは「山に近い広闊な閑静な場所で□（不明字）の方には田圃を隔てて湊川の堤防の松の並木が見える」とある。

授業時間は午前 9 時から午後 4 時までで、学生は 13 名。校務（塾長）は禹範善、教頭は山崎八重松、英語はフランク・クレーグ、日本語、算術、書は森本次久、兵式体操は小松郡佐らがそれぞれ担当した（『又新』1901.5.19）。ただ、「私塾とて日尚浅ければ設備も整わず加うるに学資の運用自在ならざるものあり。此上は一に貴国（日本）有志の助勢を請うにあらざればとうてい能わざるなり」（『大阪朝日』1901.5.18）といった状況で、学生の衣服飲食から書籍費まで、いっさい朴泳孝が支給しなければならず、その資金集めに追われた。

朴泳孝は日本亡命中、各地を回って揮毫などをして資金を集めているが、この朝日新塾の運営がその活動の大きな比重を占めていたものと推測される。

1901年12月時点の塾の布陣は、幹事に崔鎮が加わって朝鮮人教師3人（禹範善、崔鎮、尹孝定）、西洋人1人（フランク・クレーグ）、日本人2人（山崎八重松、守本三蔵）の教師陣で、学生も24、5人に増えた。この時点では学級は3学年に分け、学科は倫理、国文、漢文、日本語、英語、地理、歴史、数学、理化学、図画、体操の11科目を教えたという（『又新』1901.12.26）。またこの頃、同じ制服を着るようになり、柔軟体操、器械体操、小隊教練、中隊教練などをするようになったという（『大阪毎日』1901.12.22）。

なお、塾長の禹範善は武官出身で、日本に亡命する契機となった閔妃虐殺事件（1895年10月）の時には韓国陸軍の大隊長であった。亡命後は広島の呉に住んでいたが、朝日新塾の開校にともない、朴泳孝が神戸に呼び寄せた。1902年末、朝日新塾の閉鎖にともない呉に帰り、1903年11月刺客に暗殺される。

具体的にどのような内容の授業が行われたのかはわからない。一つエピソードとして残っているのは、1902年の日英同盟の締結についてである。当時、神戸にいた朝鮮人は朝日新塾の学生および亡命者を合わせて40余名とされるが、これら朝鮮人の多くは日英同盟に対し同情を表し、「朝日新塾の如きは、条約文に詳細なる注釈を加え生徒に口授し居れる程なり」（『大阪毎日』1902.2.15）と報道された。

学生数は13名から出発、「将来は東京その他に散らばっている100余名を集めて教育し、故国の改革をはかりたい」と朴泳孝は語っているが（『大阪朝日』1901.5.18）、少しずつ増えていったようだ。ただ、「本国よりは朴氏を慕いて続々渡来する

ものあれど、朴氏が韓廷より亡命者を以て目せられて居る為め、父兄は何れも韓国政府の意向を憚りて渡航を差止むるもの多き由にて、現に此程も同校生徒の中一名本国の父兄より無理に召還されたるものあり」(『大阪毎日』1901.12.22)といった状況で、学生が一気に増えることはなかった。また、学生を増やすことができるかどうかは、「相当方法により基本財産を作」れるかどうかにもかかっていた。

朝日新塾が設立されてから約1年半。資金不足ながら学生数も多少増え、教科も充実しつつあったところに、刺客による朴泳孝の暗殺未遂事件が発生し、塾は閉鎖に追い込まれた。当時日本には、韓国からの亡命者とともにそれを狙う刺客が、数多く送り込まれていた。1902年10月、この刺客のうちの二人による朴泳孝毒殺未遂が発覚した。

新聞報道(『大阪朝日』1902.10.15)によると、一人の刺客は、朝日新塾の学生を誘ってストリキニーネで朴を殺害しようとしたが、学生が良心に責められて自白したために失敗。もう一人はモルヒネで殺害しようとしたが陰謀がもれて失敗した。この事件のため、塾の学生を帰国あるいは他の学校に入学させ、塾は近日閉鎖されると報道された(『大阪毎日』1902.10.17)。11月の新聞報道では、目下同塾は閉校して、20余名は九州または東京あたりに行き、残留はただ4名だけだという(『又新』1902.11.11)。

1902年12月5日、神港倶楽部において青年苦学会の慈善音楽会が催された。この青年苦学会は神戸の下山手にある組織で、朝日新塾の学生であった朝鮮人2名と各地方から来て寄宿しているもの5名、市内在住のものを合わせて12名の学同志の青年が所属している。昼間は17歳以上の者は巻きたばこを、それ以下の少年は蒸し菓子類を市内の各所で販売したり、同会附

14

属の活版印刷所の職工として余暇に勉学している者もあると報道されている（『又新』1902.12.6）。塾が閉鎖となり、自らの稼ぎで勉学を続けなければならなくなった一部朝鮮人学生の姿がここにある。

　朴泳孝は、朝日新塾の建物で生活していたが、1903年9月にその付近の「瀟洒閑雅なる」家に転居した。朝日新塾は「朝鮮風の宏壮巍々たる雲装に聳ゆる大廈なるも、多年風路霜雪の侵蝕に任せ破牖頽□に鳥雀巣を組み蓬草荒庭に離々として蠢吟廃畝に□□たる所一見浪士の閑居たるを覚えしむる」（『又新』1903.9.12、□は不明字）と、学生が居なくなって手入れが行き届いていない建物の様子が描写されている。

●「併合」前に日本に来た朝鮮の妓生

　「韓国併合」前の日本において、朝鮮の妓生（朝鮮の芸妓（げいぎ）。古くは、宮中で舞楽をし高官を接待する官妓と、一般の宴席で客を接待する民妓とがあった。）は非常に珍しい存在であったのだろう。当時の新聞にしばしば取り上げられ、その様子がこと細かに報道されたりもしている。妓生来日の初めての例かどうかはわからないが、1905年12月30日付の『萬朝報』には「朝鮮芸妓丹後に現る」との見出しで、峰山町に現れた連香、好月という姉妹の朝鮮妓生についての記事が報道された。

　なぜ、丹後の山奥の峰山なのか。この記事によると、この姉妹はソウルに住む金周鉉という者の娘であるが、日々の食べものも事欠くほどの極貧から、両親およびふたりの兄弟を救おうと娼妓になる目的で日本に渡り京都にやってきた。しかし、種々の面倒な手続が必要なことから京都滞在が40日を過ぎ、さ

らに今後 6 ヶ月経たないと稼業に就けないとあって落胆していたところ、芸者抱え込みのため京都に来ていた峰山町の楼主がこの話を聞き、相談を持ちかけたところ急遽この姉妹を峰山へ連れて帰ることになったという。

　この記事を通して、当時の日本人が朝鮮妓生をどのように見ていたかを垣間見ることができる。「朝鮮一流の不潔にはホトホト楼主を閉口させ」というくだりは、すでに民衆にまで浸透していた朝鮮人に対する蔑視観であろうか。その立ち居振る舞いについては、「客の前に出づるにも片足を投げ出す。然なくば踞坐という有様」だったとされ、当然ながら朝鮮人女性の習慣を理解しようとする気まで回らない。芸については日本の芸者と比較しているのであろうか、「一切楽器を持たず何とも分からぬ音声にて国歌とクルクル舞ひの手踊のみなるより何の興味も」ないと決めつける。しかし、「物珍しき処が第一の呼物となりて毎夜お座敷の競争を生ずる程の全盛」だったという。

　この記事に続き、『又新』（1906 年 3 月 12 日）に「朝鮮出発の旅稼ぎ」、『大阪朝日』（1906 年 4 月 17 日）には「朝鮮芸妓現はる／姉はソンチョン、妹はヒョリン」との見出しで、いずれも同じ朝鮮妓生の姉妹が報道されている。先の記事と名前は違うが、年齢がほぼ同じ（『萬朝報』は姉が 22 才、妹が 19 才、『大阪朝日』では姉が 21 才、妹が 18 才）で丹後地域を中心に営業していることから、同一人物である可能性が高いと思われる。そうであるなら、ソンチョン、ヒョリンは芸名ということになろうか。

　『又新』の記事は、朝鮮妓生の姉妹が丹後峰山より舞鶴に来たが話がまとまなかったため綾部に乗り込み、同地の業者に 150 円の前借で抱えられることになり 1906 年 3 月 5 日より開業したというもの。花代は 50 銭で「珍しきか人気叶ひ相変わ

らず大繁盛なり」と報じられている。一方『大阪朝日』は、舞鶴を経て福知山の猪崎(いざき)新地の貸座敷に現れた姉妹を報じたもので、座敷に出る様子を「朝鮮服で妓丁に手を引かれ酒楼の暖簾を潜ると共に『今晩は、二階アガロアロカ』と愛嬌をふり蒔き客の座へ入るが否な『今晩有り難うある』と挨拶して盤坐(あぐら)をかき」として、日本の唄も踊りも分からないとして、また朝鮮の唄や踊りの注文には応じず、ただ酒を飲んで肴を食べ愛嬌を振りまくだけだが、「珍奇を好む世の中とて毎日売切の景気」だと報じている。

朝鮮末期の妓生は一嬖(일패)、二嬖(이패)、三嬖(삼패)の三つの部類に分けられていたという(韓国の「ウィキ百科」、漢字辞典によると「嬖」は女という意とされる)。一嬖は官に所属した官妓で両班妓生とも呼ばれ、王の前で歌や踊りを踊り、礼儀作法に明るく、技量に優れた妓生である。二嬖は「隠君子」と呼ばれ、官庁や高官の家に出入りした妓生であり、三嬖は娼婦として躰を売る遊女とされる。だとすると、先の新聞記事に登場した朝鮮妓生は、さしずめ三嬖ということになろうか。

ところで、1906年5月31日付『大阪朝日』に、二嬖の妓生がやって来たという記事が報じられている。「官妓(キーサン)踊り」との見出しで内容は、大阪の某紳士が饗宴のためにわざわざ朝鮮から招いた妓生の一行の歌舞を、記者が実際にみて記事にしたものだ。妓生の名前は崔紅梅(19)、これに音楽師すなわち囃子方の男性6名がつく。「この官妓は第二嬖で賞花室といふ招牌(かんばん)附きの家に属している」とあり、「何しろ国許で大官などに招かれる時は駕に乗って加之(おまけ)に附添人召連れて出掛けるといふのだから見識の高さも察せられる」という(ルビは原文のまま)。

この記事によると、楽器を扱うのは囃子方の6名の男性だけで、妓生は歌と踊りだけで楽器は扱わないという。韓国の時代

17

劇ドラマを見ていると、伽耶琴などを弾く妓生の姿がよく登場するが、どうだったのだろうか。楽器は長鼓、笛、ひちりき、胡弓で「キーキーヒューヒュードン、ボテボテ、なかなか賑わしい」と表現している。長鼓にはチャングのふりがなをつけ、太鼓と鼓（つづみ）を兼ねたようなものと説明、さらに長鼓はこれらの「楽器中の大将で、これによって調子が取られるのである」としている。

実際の演奏や妓生の踊りについては次のように評している。

「舞は踊といった方が適当で、殊に囃子方の男が二人（一人舞は楽器に合はないと云って紅梅美人が舞ふ時にも囃子方の男が仮にお相手を勤めた）が、舞ふた形の如きは全く踊りである。ダンス式に近い。其舞は鶴の舞とやらで最初ヨイヨイ姿から段々急になってキリキリ舞に了る。いくら不器用なものでも真似の出来さうな所がご愛敬」

「聴いた中で天人の遊びと云ふ意味の曲は、音楽ばかりで歌はない。その他四季の曲や虎狩りにに出で立つ時の曲や老婆物売りの曲や三国志の曲や煙草讃歌の曲などがあった。物売りの曲には老婆の売り声が這入っているから面白いとの通訳であったが、その点は訳らなかった。煙草讃美の曲は忘思草といふ異名にあやかりて一切の苦を忘れ、人生を楽しう送るがよいと云う意味ぢゃそうな。ツマリ通訳の不得要領なところに反て可笑味があった如く、歌舞にも間の抜けたよやうな所に面白みが多かった」

「間の抜けたよやうな所に面白みが多かった」などの評から見て、この記者は朝鮮の歌舞をわりとまともに見ているように思う。つまり、民間の芸能としてとらえているのであり、同じ妓生でも峰山の姉妹とは全く異なる見方をしている。ただ、二妓だといってもやはり妓生であり、暗々裏の売春はありえるは

ずだが、そのへんはこの記事からは伺えない。

　「併合」前のまだ朝鮮の妓生がきわめて珍しかった時代。この同じような時期に、タイプの異なる二つの妓生の姿が新聞記事によって紹介されたのは興味深い。

●神戸港の中国人労働者入国問題

　兵庫県の日本海側を走る山陰線の鉄道工事に、1908年頃から多数の朝鮮人労働者が働いていたこと、また、この朝鮮人労働者が中国人労働者の代わりに募集されたものであることについては、徐根植「山陰線工事と朝鮮人労働者」(小松裕、金英達、山脇啓造編『「韓国併合」前の在日朝鮮人』1994年明石書店)に詳しい。

　なぜこの鉄道工事の朝鮮人労働者が中国人労働者の代わりなのか。『大阪毎日』(1908.5.3付)の記事に次のようなくだりがあるからである。

　「(清水庄太郎が)昨年夏大連から苦力数十人を引連れて神戸に帰り、之を内地の鉄道工事に使役せんとしたるも内務省の許可するところとならず、(中略)其身は直ぐに勝手知ったる朝鮮へ乗込みヨボやァいと麾(さしまね)けば馳せ集ったる韓人雲霞のごとく……」

　ここに出てくる中国人労働者入国問題は、『大阪朝日』では「神戸と清国苦力」(1907.9.3,4)、『大阪毎日』では「支那苦力と兵庫県」(同)の見出しで詳しく報道されている。これらの記事をもとに、この事件の顛末を紹介してみたい。

　発端は中国人労働者50名を乗せた第十五永田丸が1907年9

月1日神戸港に入港したのに始まる。これら中国人労働者は、大連の遼東公司の代表者である清水庄太郎が、鉄道工業合資会社が請け負った中央線長野地方の鉄道工事に使役させるために連れてきたものであった。試みに50名を募集し、成績が良ければ数百人を連れてくる計画であった。

50名の中国人労働者は、8月18日より大連で募集された。「同地において一日四十銭の労銀を受け居たるを僅かに十銭の賃金を余分に得んがため（食料自弁にて一ヶ月十五円の契約なり）遠く我が邦に来たりしものなり」という。

新聞記事には、後に山陰線鉄道工事も請け負うことになる鉄道工業合資会社（東京・京橋区）の代表として、『朝日』には星野恭（鏡）三郎、『大阪毎日』には小林徳太郎の名前が登場する。このうち星野鏡三郎は日本の鉄道工事関係では有名な人物で、九州の肥薩線鉄道工事も請け負っている。この肥薩線工事には1907年7月頃から中国人労働者が働いているが、神戸港とちょうど同じ時期に中国人労働者の存在が問題となり、中国人労働者は排斥されて朝鮮人労働者に置き換えられたという経緯がある。

中国人労働者の入国が問題となったのは、1899年の勅令第352号の規定、すなわち「行政官庁の許可を受くるにあらざれば従前の居留地及び雑居地以外に於て居住し又は業務を行うことを得ず」によるもので、また同年7月の内務省令第42号も、「右労働者の種類を農業、漁業、土木、建築、製造、運搬、輓車、仲仕業と規定」していた。これらの規定は「外国人労働者の入国」となっているものの、狙いは中国人労働者で朝鮮人は対象とはされなかった。中国人労働者の募集にあたった遼東公司、鉄道工業合資会社とも、神戸に来てはじめてこうした規則が存在することを知ったと報じられている。

1 「韓国併合」前のはなし

　兵庫県警察部では、肥薩線工事の中国人労働者150名が使役停止を命じられたのにならって、到着した中国人労働者を神戸より送還させることを決定した。あきらめきれない遼東公司、鉄道工業合資会社側は、内務省その他に電報を打ち入国の運動をしたものの、兵庫県としては「長野県知事の許可書あれば格別、然らざれば断然神戸市（従前の居留地及び雑居地）以外に出づることを許さざる方針」を貫いたため、中国人労働者は結局本国へ送還されることになった。

　9月2日上陸を許された中国人労働者50名は、海岸通五丁目の安場屋に宿泊することになった。1人1日30銭での宿泊が交渉で40銭に値上がりしたが、「服装不潔にして同宿泊者の苦情あるのみならず、之がため宿泊を避くる旅客なきを保せざるより」、安場屋では結局彼らの宿泊を謝絶した。そのため彼らは、海岸通二丁目の清国人旅館海発盛客棧に転宿せざるを得なかった。1907年9月6日、50名の中国人労働者は摩耶山丸で神戸港を出港した。

『大阪毎日』1907.9.6

2　土木工事と朝鮮人労働者

●姫路・相坂トンネル工事と廃品回収

　相坂トンネルは、JR播但線の香呂駅から西へ 3.5 キロの山中にある煉瓦作りのごく小さなトンネルであるが、心霊スポットになっているとかでインターネット上ではわりとにぎやかである。高さ 2.9 m、横幅 2.45 m で長さは約 70 m。少し大きめの車だと、トンネル内で人ひとりがすれ違うことすらできない。

相坂トンネル

　トンネル工事は 1919 年に始まり、2 年後に完成したが、当時の香呂村としては、村の総予算が 4 万数千円だった時代に約 2 万円の工費を要した大変な工事だったという。

　このトンネルによっ

て、険しい山に隔てられていた西の谷山、南の須加院両地区と香呂村中心部の往来が便利になり、工事後に谷山地区にも電灯がともるようになったそうだ。

この工事に朝鮮人労働者が関わったことが、古老の証言に出てくる。1984年1月に発刊された『移り変わる私たちの暮し』（香寺町文化協会編）の中の清瀬正寛氏の証言によると、該当部分は次のようになっている。

「当時は機械が無かったから総てが『つるはし』とトンカチとハッパで掘られ、トロッコで運ばれ臂肉で土石が運び出され、セメントや煉瓦が運び込まれた。労働力は地元の人の外、朝鮮人も多数使われた」

トンネル工事に関係した朝鮮人に関しては、この「朝鮮人も多数使われた」というのがいまのところ唯一の証言で、具体的にどのようないきさつで、また何人くらいが働いたのかは、一切不明である。彼らはいったいどこから来たのか。

トンネル工事が始まった1919年といえば、日本への朝鮮人労働者の本格的な流入が始まってから間もない時期で、その数もそれほど多くはなかった。ただ、第一次世界大戦による好況で募集されて来日したこれら朝鮮人労働者は、大戦が終わって不況になると一転して首を切られた。

当時の新聞報道などによると、日本人労働者は仕事のえり好みさえしなければ何とか職にありつけたが、朝鮮人の場合はそうはいかず、大都市の工場地帯から各地に散らばったともいう。考えられるのは、こうした職を失った朝鮮人労働者の可能性である。あるいは、不況の時期にもかかわらず朝鮮人の渡日は増え続けたから、そうした朝鮮人がトンネル工事に職を求めたのかもしれない。

トンネルは、香呂駅西にあった煉瓦工場で作られた煉瓦を、

美しいアーチ構造のイギリス積みにして作られている。相坂トンネルより 10 年ほど前に行われた山陰線鉄道工事には、数多くの朝鮮人労働者が使われた。その工区にあるいくつかのトンネルは、いずれも煉瓦積みのアーチ構造である。想像をたくましくして、このときの労働者が煉瓦積みの熟練工として残っていたというのはどうであろうか。

　土木工事に携わる朝鮮人労働者は、工事が終了すると他の工事場へと移動するのが普通であるが、中には付近の町や村に定住する者もいたと考えられる。先の清瀬氏の証言には、そうした例ではないかと思われる朝鮮人の「飴替えこと屋」や焼き芋屋が登場する。清瀬氏が 4、5 歳であった 1925 年頃の記憶だとされるから、相坂トンネル工事が終わってから 4 年ほど後のことだ。少し長文になるが引用してみる。

　「アメーカエコト」は、ポンポンポンと小さな玩具の太鼓をたたき乍ら自転車の荷台に木箱と大きなドンゴロス麻袋を積み、木箱の底が引き出しになっていて中に一寸厚の粉をまぶした飴が一枚入っていた。村の子供等がアルミニウムの弁当箱の穴のあいたのや真鍮鍋のつぶれたのを手に持って集まって来た。
　当時は未だアルマイトが無かったから梅干しの日の丸弁当など詰込むとアルミニウムのふたの真中が酸化して穴があいて使えなくなった。それを大事にしまって置いてこの時子供等は持ち出して走ってくる。
　「アメーカエコト」は此のアルミニウムの弁当箱の大きさや重さを見計らって代償に小さな金槌とのみで飴をコツコツはがして竹の皮に付けてくれるのである。今の子供等のキャンデーやドロップと違い淡泊であ

ったが咬むと何とも言えない好い味のする麦芽の飴だった。その「アメーカエコト」の「オッサン」が朝鮮人だった。このオッサンの太鼓の音を聞くと子供等は目の色を変えて集まったものだ。私の四、五歳の頃だったから大正十四年頃である。私は何だか、この「アメーカエコト」のオッサンがこわい人で、一人だけで近寄って行くとドンゴロスの中へ入れて連れて帰ってしまうと言う事を、母親から教えられた。骨太の大柄な色白の男であったのを思い出す。時には「子盗り」になって肝で六神丸を作ると言う事であった。当時、母は大変な事を私に教えたものである。

又私達の小学校当時には「イモホッコー」が香呂駅近くや小学校前へも荷車に大きな平口鍋を乗せ薪で釜の中に並べられた「さつまいも」を焼き乍らうまそうな香りをまき散らしてやって来た。「イモホッコー」の値は割に高価で中の大きさが当時の金で五銭から十銭もしていたから、普通の子供ではそう気安くは買えなかった。

「イモホッコー」の「オッサン」も朝鮮人だった。又昭和の初期からボロ買い（廃品回収）もやって来た。「アメーカエコト」がボロ買いに変化したのであろうか。金属や繊維製品や古新聞雑誌を買い集める商売であるが、朝鮮人だけでなく日本人も大勢やり始めた。戦前戦後ずいぶん大勢がやって来るようになって、戦後は朝鮮人より日本人の方が多くなっていた。朝鮮人のボロ買いは物をだまって持って帰る様な事はしなかったが、日本人のボロ買いは油断できなかった。

当時の燃料は薪だったから農家の庭先には薪の割木を作る為に斧や鉈やくさびを放り出しておくと持って行かれてしまうのだった。

私が小さかったとき、遊びほうけて帰りが夕方遅くなるようなときに、「子盗りにさらわれてサーカスに売られる」といった「脅し」を、母親からよくきかされた。こうした「脅し」は、昔の定番だったのだろう。

2 土木工事と朝鮮人労働者

　証言に出てくる「アメーカエコト」と「イモホッコー」の朝鮮人を、相坂トンネル工事の朝鮮人労働者と結びつけるものは同じ地域、工事終了の数年後だったこと以外にはなく、工事に従事した一部朝鮮人の「定住化説」はあくまで推測である。た

だ、朝鮮飴売りが肉体労働者に、逆に肉体労働者が工事終了後に飴売りに転身した事例はあちこちで見られる現象であるから、「定住化説」もあながち的外れではないであろう。

●大規模な阪神国道工事

　武庫川(兵庫県の丹波篠山市を源流とし宝塚、伊丹、尼崎、西宮の各市を流れる二級河川)改修と阪神国道(現国道2号線のうち大阪市から神戸市に至る区間の通称)の工事は、1920年代に行われた阪神間では最大級の工事で、多くの朝鮮人労働者が従事したことで知られている。これらの工事はほぼ同時期に行われたが、武庫川改修工事については朝鮮人労働者との関わりを示すいくつかの新聞記事が残されているが、阪神国道工事はきわめて少ない。武庫川改修工事が始まった1920年は、朝鮮における3・1独立運動（1919年）が起こってから間もない時期だっただけに、治安対策面で朝鮮人に対する注目度が高かったと推測されるが、それより数年遅れて開始された国道改修工事は、朝鮮人に対するマスコミの関心度が

27

多少薄れていたともいえよう。

　ともあれ他に資料がない以上、工事と朝鮮人の実態の解明は新聞記事に頼らざるを得ない。新聞記事以外では、当時本山（武庫郡本山村＝現神戸市東灘区）に住んでいた私の義父が、「工事にたずさわっていた朝鮮人労働者が通りかかりの日本人女性をからかうのを見て、子どもながらに義憤をおぼえた」と語るのを聞いたことがあるくらいなものである。

　直接的な記事としては、「平均一日に全線上で働いている労働者二千人内朝鮮人三割」という記述（『大阪毎日』1926.6.19付夕）があるだけだが、その後、直接関係なさそうな連載記事の一部に、阪神国道の朝鮮人労働者の記述があることに気がついた。連載記事は『大阪毎日』の「在神、朝鮮の人達」で、1926年11月17日から21日までの5日間5回の連載である。記事の内容からみると、兵庫県社会課の『在神半島民族の現状』（1927年9月）の調査に基づいたものと推定されるが、その連載の3回目に次のような記述がある。

　「調査総数千六百人中の七割までがとにかく若干の送金、貯金をしてゐるといふ興味ある事実があるのである。そして現に阪神国道工事に就役する鮮人労働者千余人の送金のために工事開始以来つねに西宮郵便局の為替取扱数が激増を示しているとゐふ」

　ここに出てくる労働者数千余人は、先の記事の二千人の3割＝600人よりもかなり多い。さらに『大阪朝日』神戸には、「阪神国道の工事には各地の鮮人労働者が三千人も加はってゐるとのこと」（1926.8.23付）という記述もある。工事の期間中、その時々の情況に応じて労働者数の増減はあって当然だが、数にこれだけの開きがあるとどれが正確な数字なのかとまどう。

　連載4回目は、阪神国道工事に従事した朝鮮人労働者の生活

の一端を、初めて明らかにしてくれる。朝鮮人の住宅問題に触れたなかで、次のように記述されている。

「武庫川の堤防に沿うてしばらく北上すれば水近き林間に国道工事従事の鮮人小屋を散見し、あたら白砂青松の佳色「褌」の讃を得るの嘆きを深うするものがあらう」

朝鮮人労働者の多くが、武庫川の河川敷のバラックに住んでいたことがこの記事からわかる。武庫川改修工事の時も、朝鮮人労働者は武庫川河川敷の飯場（バラック）で生活した。これがきっかけとなって尼崎守部地区の朝鮮人集住地域ができたとされているが、この記述からして阪神国道の朝鮮人労働者の影響も考えなければならないかもしれない。ちなみに、守部地区の朝鮮人が増え始めたのは、1930年代に入ってからである。

阪神国道

阪神国道の工事は1926年12月に終了、翌27年3月には工事を監督した県西宮工営所が閉鎖された。工事の終了とともに失業した労働者は、兵庫県では27年度に起工される表六甲ドライブウェイの開設工事、あるいは県営の水電拡張工事などに振り分けられたという（『大阪毎日』1927.2.28兵庫）。

●円山川改修工事と但馬地方の朝鮮人

円山川は兵庫県では加古川に次ぐ大きな川で、豊岡市の中心部を流れる。最近では、2004年の台風23号で堤防が決壊して

大きな被害を出したが、河川改修が本格的に行われた近代以前は、毎年のように氾濫を繰り返していたという。

こうした氾濫を防ぐため政府の直轄事業として行われた河川改修は、1920年度から17年間にわたって実施され、1936年10月に竣工式が行われた。具体的には、1897年と1911年の大洪水の際の水位をもとに流量を

円山川改修工事（「目で見る豊岡の明治年史」より）

計算し、その流量に耐えられるように本流 85,000 km、支流の出石川 20,000 kmの川幅を広げたり、屈折を直したり、新川を掘ったり、堤防を築いたりするものであった。また、平地にはかなりの支流があり、逆流を防ぐための樋門などもつくられた。

この円山川の改修工事に従事した朝鮮人ついては、『兵庫と朝鮮人』（兵庫朝鮮人問題研究会編 1985年）が当時工事を目撃した人の証言を中心にまとめている。飯場は3つか4つ円山川の川沿いの土手にあった。長屋式で長さは 15〜20 m、間口 5〜6 mで間に 1 mくらいの通路があり、1軒の飯場に 30〜40人くらい住んでいた。100人くらいの朝鮮人がトロッコ押しにたずさわっていた。トロッコは普通2人で押したがきつい仕事だった……等々。

では、新聞記事にはどのように出てくるのであろうか。

工事の開始は 1920年からとされるが、1918年の段階ですでに工事に従事していた朝鮮人の記事が出てくる。たとえば『又新』（1918.7.3）では改修工事に従事していた朝鮮人の身投げの記事が、また『神戸』（1918.7.23）では朝鮮人同士の喧嘩の記

事が出てくる。本格的な着工前に前段階的な工事が行われていたのだろうか。あるいは別系統の工事だったのだろうか。

どれくらいの労働者が働いたのだろうか。「円山川改修物語（10）」（『大阪毎日』1924.8.10 兵庫）によれば、6人の技術者、13人の工手の指揮の下で約300人の労働者が働いており、賃金は日本人が平均1日2円、朝鮮人が平均2円20銭で、他地方のこうした労働者にくらべかなりいい方だと報じられている。1日の平均賃金が日本人より朝鮮人の方が高いというのは不思議な気がするが、トロッコ押しという職種のせいかもしれない。

賃金は比較的めぐまれていたにもかかわらず、労働者の数が足りなくて困ったという。その理由として、豊岡の柳行李職人の方が楽なこと、その原料の杞柳の栽培のほうが多少報酬がよいなどの点から、途中から鞍替えする労働者がかなりあることがあげられている（前掲「円山川改修物語」）。

ところで、朝鮮人労働者の数はどれくらいだったのだろうか。1927年7月末現在で但馬地方の朝鮮人は700余名で、このうち豊岡署管内の朝鮮人土木労働者は350人、城崎町方面には200人いて、それぞれ震災復興事業、円山川改修、丹但鉄道工事に従事しているという（『又新』1927.8.8）。

震災復興事業とは、1925年5月に北但馬一帯に起こった、マグニチュードからすれば阪神淡路大震災に匹敵するような大地震による災害からの復興事業。なお、この地震で大きな被害を受けた豊岡では、円山川改修工事に従事する朝鮮人70名以上が人命救助などにあたり、当時の豊岡町からその功を表彰された（『兵庫と朝鮮人』）。

丹但鉄道工事は豊岡から丹後峰山に通じる鉄道の工事で、1927年11月城崎郡三江村付近で行われていた工事に従事する朝鮮人労働者150余名が、賃金不払いの抗議と賃金引き上げを

要求してストライキを行った（『神戸』1927.11.7）。

　『兵庫と朝鮮人』の工事目撃者の証言によれば、朝鮮人労働者は100名ほどでトロッコ押しに従事していたという。豊岡署管内の350人のうち丹但鉄道工事の150人を引くと200人。半々が震災復興事業と円山川改修工事に従事したと仮定すると、100人くらいという目撃者の証言はほぼ正確ではないだろうか。ただ、城崎町の200人の労働者はどんな工事に携わっていたのだろうか。

　なお、震災直後の1925年6月には朝鮮人労働者200人が、豊岡で焼け跡の灰土を運び、濠の埋立や公設グランドの地盛り作業に従事していると報道されている（『大阪毎日』1925.6.2兵庫）。

　1928年末現在の豊岡署管内の朝鮮人は363人で、その大部分が円山川改修工事と鉄道工事に従事しているという（『大阪毎日』1929.1.21神戸）。

　1930年6月の豊岡町管内の朝鮮人数は、男357人、女95人の計452人だとされる（『大阪朝日』1930.7.5神戸）。この新聞記事では、3月末時点で170人しかいなかった朝鮮人が約3倍の急増ぶりを示しているのは、冬になると雪が積もって仕事がなくなるため他地方に移り、春になって仕事が再開されると戻ってくることを示すものだと指摘している。

　1923年5月、円山川改修工事に従事する朝鮮人同士が三江村六地蔵で大喧嘩し、1名が死亡4名の重傷者を出す事件が起こった。事件を起こしたのは松田組配下の朝鮮人50名で、原因は出石町より新たに雇い入れられた朝鮮人25名によって以前からいた朝鮮人の賃金が引き下げられ、内部で反目が起こったためという（『大阪朝日』1923.5.18神戸）。この記事から、円山川改修工事の朝鮮人労働者が、付近の町村から集められて

いたことがわかる。

　これら治水工事や鉄道工事に従事する朝鮮人労働者により、1926年5月但馬鮮人青年団が組織された。豊岡署の特務巡査の指導によって組織されたもので、5月25日豊岡町の日吉神社前で挙行された発会式には200余名の朝鮮人が参加、団長に洪承俊、副団長に朴在淨が選出された。また豊岡署長や町の有力者が来賓としてした。この青年団の洪承俊、朴在淨、金化祚、文三実、裴三鶴、姜信俊の6名は、5月23日に行われた震災一周年記念の式典で知事より金一封を添えて表彰され、また但馬鮮人青年団として豊岡町長から感謝状が贈られたという(『大阪毎日』1926.5.27兵庫)。

　円山川改修工事の朝鮮人労働者がどのような生活状況だったのか、新聞記事からはわからない。断片的な話が、先にみたように『兵庫と朝鮮人』の工事目撃者の証言にあるだけである。

　『又新』1936年10月30日付は、円山川改修工事の竣工式は1936年10月1、2日の両日わたって盛大に行われたこと、および円山川治水組合では17年にわたる工事で犠牲になった功労者の慰霊祭を同年11月2日に豊岡町養源寺に遺族を招いて盛大に執行する旨を報じている。招かれる遺族は9名で、朝鮮人金必要、李吉鐘の2人が含まれている。

● 阪神間の鉄道の高架工事

　神戸市の最も賑やかな繁華街である三宮。ここには阪神、阪急、JRの3鉄道が集中するが、現在に近い形になったのは1930年代後半から。それ以前は、阪急は王子動物園付近止まりで、JR

は高架ではなく、また阪神も地下ではなく地上を走っていた。1920年代後半から30年代前半にかけて、JR（当時は鉄道省の管轄だったから省線といった）の灘駅東端から鷹取駅間約11kmの高架工事、阪神の三宮付近の地下化工事、阪急の三宮までの延長工事などがあいついで行われた。これらの工事に多くの朝鮮人労働者が関係したことが、断片的ではあるが当時の新聞記事などからうかがえる。

　JRの高架工事は複々線の複線を第1期工事、残りの複線を第2期工事とし、第1期工事は1926年から1931年にかけて、第2期工事は1934年から1939年にかけて行われた。その労働者については「その鉄道工事に従事中の土方、人夫の多くは朝鮮人であり、そして又其の多くの労働者はジプシーの其れの如く、工事場の下のゴロ寝の状況である」（神戸市社会課『神戸市在住朝鮮人の現況』1930年）と記録されている。

　この工事で三宮駅は従来より東寄りに移されたが、高架にともなう駅舎工事ではしばしば事故が起こった。とりわけ神戸駅では1930年2月に建築中のプラットホームが墜落して2名が即死、7名が重軽傷を負うという惨事が起こり、朝鮮人労働者が犠牲となった（『大阪朝日』1930.2.21夕）。

　阪神電車は1905年に梅田－神戸間で開業した私鉄で、当初JRが人家から離れたところで軌道が敷設されたのに対し、阪神電車は市街地を走った。1929年には住吉－石屋川間の軌道を高架化したが、この工事に携わった朝鮮人労働者の小屋の火災の新聞記事が残っている（『又新』1929.5.15夕）。

　全焼したのは御影付近の大林組のバラック建て7戸2棟で、朝鮮人夫婦ら約80名が居住していたが住む家を失い、途方に暮れていると報じられている。そのほかこの工事については、1928年12月に朝鮮人労働者約20名がいりみだれて喧嘩した

との報道がある（『又新』1928.12.5）。

　一方、地下化した岩屋－三宮間は 1933 年に開業したが、いくつかの事故の記事から朝鮮人労働者の存在がわかる。1932 年 8 月には労働者が地底へ転落して瀕死の重傷を負い（『又新』1932.8.14）、同年 11 月にはトラックの衝突で 1 名が絶命したほか（『大阪朝日』1932.11.12）、同年 12 月および翌 33 年 1 月には土砂崩れでそれぞれ 1 名ずつが惨死した（『又新』1932.12.15,1933.1.13）。さらに 33 年 3 月にも墜落騒ぎが起こっている（『大阪毎日』1933.3.4）。また喧嘩も頻発し、31 年 8 月には喧嘩で耳を切り落とす騒ぎがあり、32 年 10 月には日本人と朝鮮人労働者約 50 人が対峙し、警官が出動して鎮撫したという（『神戸』1932.10.29 夕）。1936 年 4 月には三宮－元町間の延長工事も完成した。

　阪急は 1920 年の神戸線（十三－上筒井）開通で、社名を箕面宝塚電気鉄道から阪神急行電気鉄道に改称した。当時は田んぼの中を走る電車で、外から乗客の数が数えられるくらい乗客は少なかったという。1936 年 5 月西灘から高架で三宮に乗り入れた。三宮への延長工事では朝鮮人労働者についての記事は見つかっていないが、この高架は JR とほぼ平行して走っていることから、JR 同様朝鮮人労働者が働いていた可能性は高い。

　一方先の阪急神戸線工事では、事故と喧嘩の記事が残っている。1919 年 3 月武庫郡精道村（現芦屋市）で労働者が惨死した（『大阪朝日』1919.3.16）というものと、同年 4 月武庫郡大社村（現西宮市）で日本人と朝鮮人労働者が喧嘩して数十名が重軽傷を負った（『神戸』1919.4.29）というものである。1919 年といえば朝鮮人の渡航が本格化してまだ間もない次期であり、どのようなルートで阪急の神戸線工事に携わるようになったのか興味深いところであるが、詳細については分からない。

●豊峰線工事と朝鮮人労働者

豊峰線（峰豊線あるいは丹但鉄道とも呼ばれる）は、京都府の峰山と兵庫の豊岡を結ぶ鉄道で、現在は北近畿タンゴ鉄道の一部である。北近畿タンゴ鉄道（KTR）宮津線は、西舞鶴から宮津を経て豊岡に至る鉄道で、1921年にその路線が計画されて

現在のKTR豊岡駅付近

以来、1924年4月舞鶴・宮津間が開通したのをはじめ、1925年11月には舞鶴と峰山を結ぶ峰山線が全線開通した。

一方豊峰線は1926年12月峰山・網野間、1929年12月久美浜・豊岡間の開通を経て、1932年8月に全線が開通、舞鶴から豊岡までの路線は宮津線と改称された。

この豊峰線工事に多くの朝鮮人労働者が働いた。工事がいつから始まったのかは明確ではないが、1926年10月の時点で豊峰線のトンネル工事が進められていたことが、朝鮮人が関係した喧嘩の記事から分かる。記事の内容は、日本人労働者が金銭の貸し借りから朝鮮人労働者と喧嘩になり瀕死の重傷を負ったというもので、これら労働者は城崎郡三江村で「目下工事中の峰豊鉄道隧道工夫」とされる（『神戸』1926.10.15）。同じ日の『大阪朝日』ではさらに、「馬路トンネル開鑿工事」と具体的な地名があげられているが、馬路は馬地が正しいようだ。城崎郡三江村は当時の豊岡町の東側に位置し、京都府と境を接する地区で、豊峰線の兵庫県側の工事はほぼ三江村で行われた。

2 土木工事と朝鮮人労働者

　この工事にどれくらいの朝鮮人が働いていたのだろうか。『又新』（1927.8.8）によれば、豊岡署管内には震災復興事業、円山川治水、丹但鉄道工事に多数の労働者が従事しており、その労働者の大半は朝鮮人で1927年7月末現在で土木労働者350人、杞柳工26人、店員10人など合計425人（うち男392人、女33人）であるという。なお、震災復興事業とは1927年3月7日に発生した北丹後地震（M7.3。峰山・網野を中心に死者2,925人）後の復興事業のこと。

『神戸』1927.11.7

　また同年11月に豊峰線工事で起こったストライキに朝鮮人150余名が参加したとの記事から、朝鮮人労働者は最低でも150人以上いたと推測される。「丹但鉄道工事鮮人が罷業」の見出しで報道された『神戸』1927年11月7日付の記事の全文はつぎの通り。

　「豊岡町より丹後峰山に通ずる丹但鉄道の線路工事は目下城崎郡三江村地内に行はれているが、是に従事する鮮人約百五十余名は去る一日から同盟罷業をなし今なほ継続している。原因は同工事請負業者森田組の下請けをなせる秋里某が去月分の賃金を支払っていぬためらしく、なほ従来の労銀があまりに低廉なため生活困難だと労銀値上げをも要求している模様」

　1927年12月に豊峰線工事の朝鮮人労働者が、婚礼の場の喧嘩から数十名が入り乱れて大闘争となり、数名の負傷者を出す事態となった（『又新』1927.12.22）。記事によると「豊峰線第二工区工事に従事して居る城崎三江村奥馬路」の朝鮮人労働者となっているが、第二工区がどの区間なのかは分からない。また三江村奥馬路は正しくは久美浜町奥馬地で、先のトンネル工

37

事にも関係するのであろう。

　1928年10月にも豊峰線工事の飯場頭どうしの酒の上でのもつれから、30数名の朝鮮人労働者が棍棒で渡り合う騒ぎがあった。騒ぎの現場は「城崎郡三江村下宮丹但鉄道線路西約一町半の田圃」で、飯場頭は徐性玉（山本清吉）と李洪伊（今村文吉）（『神戸』1928.10.19）。「山本は在但鮮人労働会長を務め鮮人仲間から反感を買ふていたのが原因」との報道もあるが（『又新』1928.10.19）、在但鮮人労働会なる組織がどのようなものであったかは不明である。

　ところで京都府側の工事はどうだったのだろうか。1926年6月10日の純宗の国葬日に、網野町で豊峰線の朝鮮人労働者50数名が遙拝式を行ったとの記事（『大阪朝日』1926.6.11）以外に関連する報道は見あたらず、詳しい状況は分からない。

● 神戸大学六甲台校舎建設と百万ドルの夜景

　六甲山から見る阪神間の夜景は、戦前の阪神間の電気料金を合計すると100万ドルだったことから「100万ドルの夜景」として有名であるが、この夜景は神戸大学の経済学部、経営学部、法学部がある六甲台第一キャンパスあたりからも楽しむことができる。ということは、六甲台はちょっとした高台になっているわけで、ここはその昔、お城があった場所として伝えられている。

　お城の主は、播磨の名族赤松則村（円心）。1333年大塔宮護良親王の令旨を受けて兵を挙げ、北条幕府の京都六波羅探題の軍と戦ったとされる人物である。城の存在は、大塔宮護良親王

が太山寺（西区）の僧兵に宛てた令旨に、赤松城に加担するようにと記された文献で確認できるが、その位置については疑問とされていた。しかし明治41年にある人が、現神戸大学の敷地の雑草の中に、建物の遺構や石垣の後が散在するのを見つけ、これを赤松城の跡と発表してから強いて反対するものがなく現在に至っているといわれる。ついでに、赤松則村の城は摩耶山にもあったとされるがその位置については所説あるそうだ。もちろん、摩耶山から見る夜景も素晴らしい。

神戸大学は、1902年に設立された神戸高等商業学校がその発祥とされ、1920年代の高等教育機関拡張の流れの中で1929年から神戸商業大学となった。この大学への昇格にあたり校地の移転が計画され、それまでの葺合（現神戸市立葺合高校）から六甲台に移ることになった。この六甲台の校舎建設工事に、多くの朝鮮人労働者が従事したことが当時の新聞記事から分かる。

工事がいつから始まったのか、手元の資料でははっきりしないが、建物は現在の六甲台本館（1932年）、社会科学系図書館（1933年）、兼松記念館・講堂（1935年）の順に完成し、移転が完了した1935年に新学舎竣工式が行われた。現在これらの建物は登録有形文化財に登録されている。

この建築工事に朝鮮人労働者が関係した新聞記事は、集め得た範囲で次の4つ。

①「朝鮮人土工が不穏の喊声／支払わぬ請負業者の住居を襲はんとす」『大阪朝日』1930.8.26神戸

②「月光降り注ぐ中で鮮人土工の大乱闘／瀕死二名、重傷十数名を出す／昨夜商大工事場で」『神戸』1930.9.7

③「危険な商大工事場／土工また圧死」『大阪朝日』1930.10.2神戸

④「鮮人土工を取締つてほしい/附近住民から苦情/商大工事に従う三百人」『又新』1932.1.26

　全体の人数が分かるのが④で、30年の工事当初からかどうかは分からないが、約300人の朝鮮人労働者がこの工事に従事していた。この記事で彼らの生活の一端を次のように描写している。

　「（朝鮮人労働者）約300名は何れも同所に露営に等しい住居をもち生活をつづけているが、生活の窮迫と労働の強化から思想的にも道徳的にもすこぶる先鋭化し、再三刃物三昧の乱闘事件を惹起する」

　記事全体では、こうした喧嘩のほか婦女を脅かすなど行為を取り締まってほしいと要望する投書が所轄の葺合署に「山積」したため、請負業者である大林組の責任者を呼んで警告したとの内容である。

　工事の請負が大林組であったことがこの記事から分かるが、その下にいくつもの下請け、孫請けがあったことをうかがわせるのが①の記事である。六甲八幡の請負業者宮本某が、賃金を支払わないのに激昂した朝鮮人労働者70名が宮本某の住居に殺到しようとして警官隊に鎮圧されたとの内容である。この宮本某はかなり悪質だったようで、料亭での遊興費の不払いや詐欺などの容疑でも取調中だという。

　喧嘩の記事は②の1件だけだが、④の記事で見たように何度も喧嘩騒ぎがあったと推測される。②の内容は宮本組（先の宮本某の組か）と石田組の朝鮮人労働者合わせて40数名が、石塊や棍棒を振り回しての大乱闘を演じたというもの。喧嘩の原因は酒を飲んだ上でのささいなことだったようだ。

　1930年の段階では敷地ならし工事が行われていたといえる。この工事は非常な危険を伴うもので、同年9月29日に土砂崩

壊のために金未迷（31）が圧死を遂げたのに続き、翌30日にも高田組の申敬一（48）が突然崩壊した土砂の下敷きとなって即死した。同工事の事故で見つけた記事はこの③だけだが、事故は他にもあったかもしれない。

　1930年代の初めといえば、世界的な不況のさなかである。こうした時代に危険できつい労働に従事せざるを得なかった朝鮮人労働者。神戸大学六甲台の有形文化財の建物を見る時、こうした労働者がいたことに思いをはせてもいいのではなかろうか。

●事故が多発した尼崎の火力発電所工事

　尼崎築港の埋め立て地に関西電力の火力発電所がある。そこには第一、第二発電所、それに戦後の高度成長期に建設された第三発電所があるが、このうち第一と第二は公害問題のため1970年代に入って停止された。この第一、第二発電所工事には、多くの朝鮮人労働者が働き、とくに第一発電所の工事は、頻発する事故のため「恐怖の工事現場」として労働者、および付近の人々から恐れられたことは、案外知られていない。

　この工事は、日本電力、大同電力、宇治川電気、京都電灯の4大電力会社の共同出資により設立された関西共同火力発電によって行われた。日本の電気事業は、31〜32年ころ以降、競争の時代から国家による統制と協調の時代へと変化し、この会社の設立はこうした時代の流れにそうもので、近畿地方の電気事業者が、今後必要とする火力発電設備のすべてを独占することを、政府によって保証されたものであったという（尼崎市立

地域研究史料館『尼崎地域史事典』)。

　第一発電所は1932年9月に着工され36年に完成、第二発電所は同年12月に着工され39年に完成した。第一期が1万8千坪、第二期が1万坪の大規模な工事であった。

　この発電所の工事については、次のような証言がある。

　「1938年、私たち一家は今度は、兵庫県武庫郡大庄村（現尼崎市）末広町というところへ引越しました。そこは日本電力尼崎第一、第二火力発電所の建設現場でした。第一火力発電所は工事も漸く終り、6本の大煙突から黒い煙を吐き出していました。第二火力発電所の工事が引き続き進められていましたが、完成まであと5年以上はかかるという、実に大きな建設工事でした。勿論、朝鮮人が働いたのは海岸の埋立てを含めて主に、土木工事部門です。この建設現場の片隅に朝鮮部落が形成されていました。同胞の土木労働者の数は500人を下らなかったから、その規模は決して小さいとはいえまい」（崔碩義「私の原体験　大阪・小林町朝鮮部落の思い出」）

　大規模な工事にはある程度事故はつきものだが、第一発電所の工事では異様なほど事故があいついだ。新聞記事による発電所工事の事故を列挙してみると次のとおりである。

▼ 1933. 7. 6　大林組の賃定斗が砂利水切り場で砂利の下敷きとなり重傷。本吉進は5階でコンクリート作業中足場を踏み外して落下し背骨骨折。

▼ 1933. 8.20　船から起重機でバラスを積んだ籠に金點道、金容基、田在用、武田義夫の4名が乗って引き上げ作業中にワイヤーが切れ落下、金點道は即死、残り3名は重傷。

▼ 1933. 9. 9　砂利上げ機（起重機）の落下で金錫万が即死、金宋正が瀕死の重傷。

▼ 1933. 9.12　大林組人夫朴渭龍が鉄骨を乗せたトロッコを運

42

搬中、トロッコが転覆して即死。
▼ 1933.11.18　3階で作業中縄が切れて足場が墜落、本郷桂蔵が死亡したほか3名が軽傷。
▼ 1933.11.30　石川島造船所出張鳶職林央が橋型運搬機で作業中、足場を踏み外して墜落、絶命。
▼ 1935. 7.11　大林組建築作業場で姜在守が感電死。

　新聞に掲載された事故は以上であるが、1933年の7月から11月にかけて事故が集中しているのがわかる。9月9日の事故の新聞報道(『神戸』1933.9.10夕)で、「これで19人目の死傷者」とされていることからみて、報道されていない事故もあったようだ。

　頻発する事故にたまりかね、兵庫県の工場課では11月27日に課員を派遣し、「一体どんな実状にあるのか施工上無理な点があるのではないか」(『神戸』1933.11.28)と調査している。その結果については明らかでない。

　事故の死傷者には日本人も含まれている。ただ、日本人の死傷は建物の建築中に足場が落下したり、足を踏み外したりしたものが多い。砂利の運搬中の事故が多い朝鮮人とは明らかに異なる。先の崔碩義氏の証言の中で、朝鮮人が働いたのは、主に埋め立てを含む土木工事であったことが述べられているが、こうした事故の新聞報道からも、日本人と朝鮮人の働いていた現場の違いが読みとれる。

● 姫津線・相坂トンネル工事の事故

　姫新線は兵庫県の姫路駅から岡山県の津山を経て新見駅に至

姫新線の相坂トンネル

る鉄道路線であるが、その敷設中のトンネルで事故があった。

1933年当時は津山までの路線計画で、姫津線と呼ばれていた。事故があったのは兵庫県たつの市（当時は揖保郡西栗栖村）にある標高180mの相坂峠の下を走る相坂トンネル。ここで1933年5月30日、同年7月12日の2回にわたって事故が発生し、いずれも朝鮮人労働者が犠牲になった。そしてこの事故の翌年の1934年3月、姫津線は相坂トンネルを含む播磨新宮駅−三日月駅間の14.5kmが延伸開業した。

このトンネルの概要は分からなかいないが、全長600mほどのさほど大きいとはいえないトンネルであるという。こんなトンネルで2回も死傷事故がと思われるが、当時の新聞を見ると「姫津線の第一難関とされる」とある。

最初の事故は、「姫津線の第一難関とされる兵庫県揖保郡西栗栖村相坂トンネル東入口工事場で、三十日午後四時五十五分、地上十六尺の個所に足場を設けミキサー（重量百八十貫）を据えつけコンクリート作業中、その振動でバラス約五十坪、砂約一万八千貫が雪崩落ち、約十二坪の小屋一棟を押倒し、作業中の工夫」（『大阪毎日』1933.6.1夕）6名が下敷きとなり、そのうち4名が死亡したというもの。そのうち1名が李守秉(44)という朝鮮人であった。

その後ひと月半もたたないうちに起こった事故は、「十二日午前九時ごろ目下鉄道工事敷設工事中の揖保郡西栗栖村姫津線

相坂トンネルの一部が突如大音響と共に崩壊し、作業中の李王永ほか一名は崩壊した土砂のため重傷を負い、李はまもなく絶命した。原因詳細なお取調中」(『又新』1933.7.13 夕) というもの。最初の事故とは性格は異なるが、いずれも朝鮮人労働者が死亡している。

このトンネル工事にどれほどの朝鮮人労働者が働いていたのか。事故の数ヶ月前の2月に発生した労働争議の報道で、ある程度推測できる。『社会運動通信』1933年2月25日付によると、トンネル工事に従事していた労働者は80名で、このうち28名が争議に参加、うち22名が朝鮮人であったという。この記事をみる限り、ほとんど朝鮮人労働者が主体となって争議を起こしたともいえるが、争議不参加の50名ほどの労働者に朝鮮人が含まれていたのかどうかは不明である。

ただ、別の報道(『又新』1933.2.17)では人数は書かれていないが、「相坂トンネル新設工事場戒能組飯塚の土工全部」が争議に参加したとなっており、先の記事と食い違いをみせている。あるいは、戒能組以外の組も工事に関わっていた可能性もあるのかもしれない。

争議団は2月13日に三菱高砂製紙の交友会や播州化学産業労働組合の応援で、物価高騰を理由に賃金3割値上げ、8時間ないし10時間の労働時間厳守などを戒能音市に要求したが、戒能は下請けには権限がないとして拒絶したため、14日からストライキに突入した(前掲『社会運動通信』)。「何分トンネル用のダイナマイトなどがあり龍野署では厳重警戒に努め」た結果、16日に「賃金を十銭値上げ、争議団に金一封と争議費を出すことになり」解決した(前掲『又新』)。

播州化学産業労働組合は朝鮮人労働者とは関係が深い。とりわけその姫路支部には湯屋従業員や自由労働者をはじめとする

朝鮮人労働者がかなり組織された。播化の相坂トンネル争議支援も、そうした朝鮮人労働者との関係からであろう。

● 中国人労働者が朝鮮人を駆逐？

　神戸市社会課は1926年神戸市内に在住する朝鮮人を調査し、それにもとづいて翌1927年9月に『在神半島民族の現状』と題する報告書を出した。神戸における初めての朝鮮人に対する調査であった。

　この中の「内地渡航理由調査」の解説で執筆者は、ある朝鮮人に「日本で苦労するより朝鮮で働いたほうが楽ではないか」との質問をしたところ、朝鮮での仕事は安くってだめだし、「それに支那人がたくさん入り込んで居るから、中々朝鮮人には好い仕事がない」（原文通り）との返事が返ってきたというエピソードを紹介している。

　さらにその朝鮮人は「支那人は米のめしもろくろく食はずに－南京虫さえ逃げ出しそうな処へごろ寝して働くから賃金なんか朝鮮人よりもやすくって充分らくにくっていける－」と続けた。報告書の執筆者は、中国人が朝鮮半島の労働市場から朝鮮人を駆逐しているかどうかは分からないとしながらも、産業的に未開の朝鮮に中国人労働者という大敵が出現したことは、朝鮮人にとってショックだったろうと述べている。

　最近の研究のなかで、朝鮮労働市場での中国人との競合が朝鮮人の日本渡航を促したとの説が出されている（河明生『韓人日本移民社会経済史－戦前編』）。しかし、実際はどうだったのか。結論から先に言えば、それはあり得なかった。仮にあっ

たとしてもごく一部の現象にすぎなかったといえるだろう。

　第一に朝鮮に渡った中国人の人数である。「朝鮮総督府統計年報」によると、1920 年代後半は 4 〜 5 万人、1930 年代は年によってバラツキはあるものの 6 万人前後で推移している。ただ、この数字には大きな落とし穴がある。朝鮮にやってくる中国人労働者は、春から秋にかけて朝鮮で働き、冬になると中国に帰国するという季節労働者的性格が強い。したがって、どの時点での調査であるのかによって、統計の人数は大きく異なってくるはずだが、先の統計年報の数字は各年度末のものである。新聞記事などから推測して、もし 6 月時点で統計をとったなら、数字は倍増したであろう思われる。

　とはいっても、朝鮮在住中国人は多い時でもせいぜい 10 数万人と推定される。渡日した朝鮮人の数に比べてもあまりにも少ない。しかもその中には単純労働で朝鮮人と競合しない商業に従事する中国人も含まれる。いかに産業的に未発達な朝鮮市場とはいえ、中国人が朝鮮人を日本に駆逐する一大勢力になったとは考えにくい。

　次に、中国人労働者の地域的分布である。中国人労働者の朝鮮への流入は、山東半島から船で仁川に来て朝鮮全土に散らばるルートと、新義州方面の国境を越えて入り込むルートがあったといえる。新義州方面の国境を越えて入ってきた中国人はそのまま北で働くし、仁川ルートの中国人労働者も働き場を北部朝鮮に求めるケースが多かった。とくに 1920 年代後半から 30 年代にかけては北部朝鮮の開発が大規模に行われた時期で、これに賃金の安価な中国人労働者の多くが採用されたのである。

　周知の通り、渡日した朝鮮人の大半は南部出身である。南部朝鮮の労働市場における中国人と朝鮮人の競合は北部に比べるとはるかに少なかったはずである。このことからも中国人労働

者が朝鮮人を日本に駆逐したとは考えにくい。

　ではなぜ先の神戸の報告書に登場する朝鮮人は、中国人労働者の影響をあげたのだろうか。自分で実際に中国人との摩擦を体験したのかもしれないが、それよりも当時の朝鮮における新聞などがリードした「中国人労働者脅威論」に影響された可能性のほうが高いと思われる。

　1920年代後半、『東亜日報』や『朝鮮日報』は増え続ける中国人労働者の流入を盛んに報道し、朝鮮人労働者の脅威になっていると書き立てた。粗食に耐え安い賃金でよく働く中国人労働者によって、朝鮮人労働者の職が奪われているというのである。こうした主旨の中国人労働者問題をとりあげた社説も、この時期に集中している。新聞などによって形成された世論が、先の朝鮮人の発言になって現れたのではないだろうか。

● 矢田川改修工事と朝鮮人労働者

　矢田川は兵庫県と鳥取県の県境である赤倉山を源とし、主に兵庫県香美町を中心にして流れ、香住で日本海に注ぐ延長約38kmの二級河川で、久須部川、熊波川、湯舟川などの支流がある。この矢田川および両隣を流れる佐津川、岸田川の改修工事に朝鮮人労働者が関わったことは、兵庫朝鮮関係研究会の現地調査によるいくつかの証言で明らかにされている（『兵庫と朝鮮人』所収）。

　そのうち矢田川に関する証言は「（岸田川の堤防工事の）あと、香住の工事を請け負ってそっちへ行った。40〜50mぐらいの橋を作る工事をした。長い木造やった。今の念法寺の近所

やった」（姜相南氏、証言当時 78 歳）というもの。1935 年頃のことで当時姜相南氏は飯場のまかないをしながら、浜坂や香住を転々としたという。念法寺は香美町香住区加鹿野にある念法真教の寺であるから、この証言でいう橋というのは大乗寺橋であろうか。

矢田川改修工事は、1934 年の室戸台風を契機に災害復旧助成事業として実施されたが、工事がいつから始まり、いつ終わったのかについては不明である。室戸台風の被害については、「昭和九年に、大水害あったわ。河川敷がものすごく上がった。ここら全部、河原になった」（前掲『兵庫と朝鮮人』）との証言がある。当時の佐須川流域の畑地区の区長の証言であるが、矢田川流域も同様であったあろう。

矢田川の工事に朝鮮人が働いた文献資料として、新聞が報じた二つの喧嘩の記事がある。一つは 1937 年 8 月 8 日、今田組高島飯場の朝鮮人が飯場で飲食中同僚と口論となり、ひとりが重傷を負ったというもの（『神戸』1937.8.11）。今ひとつは 1938 年 5 月 7 日、村の祭りを前に酒盛りをしていた足川組福島飯場の 4 人の朝鮮人労働者が口論となり、うち 1 人がナイフで 3 人を切りつけたというもの（『神戸』1938.5.9）。

喧嘩が起きた場所は、いずれも「城崎郡長井村矢田川改修工事場」とされていることから、朝鮮人がどの地域の工事に従事していた場所がおおよそ推測できる。城崎郡長井村は現在の美方郡香美町で、1938 年の事件ではさらに「小原」と「浅井」の地名がでてくる。地図を見ると、小原は矢田川下流の小原川の付近で、浅井はさらにその少し下流の地名である。先に見たとおり矢田川は全長約 38 km あり、その上流と下流ではかなり距離がある。右の写真で見るように 1937 年末頃、矢田川上流部分でも災害復旧工事が行われているようであるが、そこでも

朝鮮人が働いていたのかどうかは不明である。

　次の写真は「昭和十二年矢田川筋災害復旧工事（其の一）」で、場所は美方郡小代村地内となっている（『水利と土木』1941年3月）。写真説明をみると、「昭和十二年九月十一日の颱風による災害復旧工事にして九ヶ所を合併進行せるものなり（中略）本地方は昭和九年九月の風水害後未だ流域定まらず、加

1937年の矢田川筋災害復旧工事

ふるに河床は流出土砂堆積し居りたるを以て出水量並に流出土砂は意外に多く被害甚大なりし所なり」とある。美方郡小代村（現香美町小代区）は矢田川の上流にあたるが、写真説明中の「九ヶ所を合併進行」との記述は、矢田川の上流から下流までの災害地区の復旧が同時に行われているとも解釈できる。また護岸工事は、コンクリートではなく石積みで行われていたことが写真からわかる。

　ところで矢田川改修工事にどれくらいの朝鮮人がかかわったのだろうか。人数を示す直接的な資料は見あたらないが、以下の数字から類推はできよう。すなわち、1935年12月現在の警察署管内別の朝鮮人数では香住は100人、1939年6月現在の協和会支会別香住の朝鮮人は326人である。さらに1942年4月現在の美方郡の朝鮮人は382人（いずれも『在日朝鮮人90年の軌跡』より）であった。この当時の香住の朝鮮人の多くは矢田川改修工事に関わったものと推測される。

3　兵庫の産業と朝鮮人

●1910年代前半の海運界と朝鮮人船員

　1910年代前半の日本海運界は活況を呈していたようだ。当時の『神戸』（1912.8.23）新聞は、次のように記している。
　「本邦の海運界は希有の発展を遂げ、船舶の増加著しく、殊に二月以降に於ける外船の輸入頻々相踵(ママ)ぎてその数実に二十余隻に及べる」
　2月から8月にかけて日本の港に入港した外国船は20数隻というのだから、今からすれば全く大したことないが、当時としては特筆に値することであったのだろう。
　好況で船の数が増えると、船員は当然足りなくなる。特に夏季における火夫や機関部員の欠員は非常に多く、その補充は困難を極めた。さらに、下級船員のストライキによって賃金が高騰する事態も起こり、船主側はこれに対抗するため中国人船員を採用するとの噂も流れた（『大阪朝日』1912.5.25）。
　当時、下級船員に中国人を使用していたのは「郵船の上海大連航路、商船の南海各航路、日清汽船の長江航路」などで、比較的多数の中国人を使用し「良好なる成績を収めつつあり」という（『大阪朝日』同上）。
　一方、朝鮮人はどうか。1911年4月14日付『大阪毎日』は、

日本在住朝鮮人の現在数は 2,618 名で、うち労働者が 1,384 名、学生が 529 名、漁夫が 32 名、水夫 32 名、商人 32 名、11 名は教師その他であると報道しているが、このなかの水夫 32 名は下級船員であろう。具体的には、大阪安東県間の不定期航路にあたっている朝鮮汽船会社所属の韓城号では、高級船員である機関長、一等運転士、二等機関士が朝鮮人で、下級海員の甲板部でも定員 10 名中 8 名が朝鮮人で、機関部でも 10 名の定員全員が朝鮮人であると報道されている（『神戸』1912.6.16）。そのほか、原田汽船の北韓沿岸航路にも朝鮮人船員が使用されていた（『大阪朝日』1912.5.25）。

　ところで、中国人労働者の日本での労働は、勅令 352 号、すなわち行政官庁の許可を受くるにあらざれば従前の居留地及び雑居地以外に於いて居住し又はその業務を行うことを得ず、との条項で厳しく制限されていた。しかし、外国と日本の間を往来する船員はどうだったのだろうか。

　次に引用する新聞記事（『大阪朝日』1912.5.25）に見られるように、こうした勅令 352 号とは別の理由で、中国人よりも朝鮮人が注目されることになる。

　「元来支那人は職務に忠実なれども衛生思想更になく、伝染病の如き往々支那人を介し伝播することあり。然るに朝鮮人は頭脳を要せざる職務においては直ちに之を習得し得るのみならず、労銀も支那人に比して安きに満足して忠実に労働に従事し、清潔を守り衛生を重んずることも支那人以上なれば、朝鮮人に海事教育を施しなば、優良なる海員を養成することを得べし。尚、南洋航路に従事せる船舶の如きは数年間自国に帰るを得ず、本邦人は之がために望郷病に襲はれ当底(ママ)其の職に堪へされば、已を得ず麻尼拉(マニラ)人を使用しつつある状態なり。是等も比較的故郷の観念に乏しき朝鮮人を使用せば必ず好成績を挙げ得べ

く、国家的観念の上より見るも麻尼拉人(マニラ)、支那人に代ふるに朝鮮人を以てするは適宜の処置と云うべし」

日本海員掖済会(えきさい)は1912年6月7日理事評議員の連合会を開き、朝鮮に新事業を開始する件などを協議し、「(朝鮮に)成るべく速やかに支部を設けて同時に朝鮮人の青年を一期の定員三十名乃至六十名とし、これを収容養成して各汽船に供給することを決定」した(『大阪朝日』1912.6.9)。

しかし、日本海員掖済会のこの事業は、同年8月にあっけなく挫折してしまう。

「同地方人民(朝鮮人)は、青年団に向かって之に反対の決議を為さしめ、全く海員志望者なきの旨の回答さへありたることなれば、結局鮮人養成問題は今日の処殆ど絶望に帰したるものの如し」(『神戸』1912.8.23)

なお、日本海員掖済会とは船員(=海員)に対する支援を目的として1880年に前島密によって設立された組織で、船員の教育訓練、宿泊施設の整備、乗船のあっせん等のほか、船員に対する医療事業を行った。

● 神戸のマッチ工業と朝鮮人

神戸を代表する地場産業といえばケミカルシューズである。ケミカルシューズ産業は戦前のゴム工業に由来し、それ以前はマッチが神戸を代表する産業であった。また、あまり知られていない事実であるが、マッチ以前は製茶工業がそうであった。

京都周辺を中心に近畿一円から神戸に集荷されたお茶は、茶焙じ工場でもういちど湿気を落としてからヨーロッパ、とくにイギ

リスに輸出された。明治維新以後この茶焙じ工場が続々登場し、外国人商館によって経営された。その茶工場の労働を主として担ったのが女性であった（『兵庫ゴム工業史』）。

　神戸の製茶工業は、1899年に清水港が開かれお茶の本場が静岡に移ってから急速に衰えたが、逆に盛んになってきたマッチ工業が製茶工業の女工を吸収して発展し、神戸の主要産業の座を確立した。1907年には業者数209社、251工場におよんだ。神戸のマッチは神戸所在の華僑商社によって中国・東南アジアに輸出された。第一次世界大戦時にはさらに飛躍して全国生産の80％を占め、また生産量の80％が輸出された。

　ところが第一次世界大戦後、マッチ工業の世界制覇をもくろんだスウェーデン製マッチが日本に進出して市場を席巻したため、神戸のマッチ工業は1920年をピークに衰退の一途をたどることになる。しかし、折から新興産業として勃興してきたゴム工業が、マッチの工場および労働者を引き継いで発展していく。その舞台となったが神戸の長田地区であった。

　マッチからゴムへの移行がスムーズに行われたのは、マッチ工場が煉瓦作りの耐火性のある建物で、ゴム工場にも適していたこと、硫黄など使われる薬品が同じであったこと、零細経営が多く主として低賃金の女工が労働を担っていたことなどがあげられる。

　マッチ工業の労働力については、「薬剤の配合・頭薬附方・荷造等を除くの外は、軸木の排列・箱詰・紙包等は皆女工の従事せる所なり」（土屋喬雄校閲『職工事情』）とあるように、家計補助的な主婦と年少労働者で職工数のほぼ70％が女性であったという。彼女らの多くは、夫が近隣の三菱や川崎造船所で働く家庭の主婦だった。

　ところで、朝鮮人の日本への渡航が本格化したのは1917年以

降である。新興産業として勃興してきたゴム工業と本格渡航の時期が一致したこともあって、長田のゴム工場に多くの朝鮮人が流入したことは周知のとおりである。では、マッチ工場はどうであったのか。

神戸市社会課は、戦前に1927、1933、1936年の3回にわたり在住朝鮮人の調査を実施した。この調査によるマッチ工場での労働者数は、1927年の調査では8名、1936年の調査で28名となっており、1933年の調査ではマッチ工場の職工は分類されていない。

新興のゴム工業に比べ衰退産業であるマッチ工場は、労働者そのものが少ないため、朝鮮人労働者数は少なくなるのは当然とはいえ、この数字は少なすぎるように思われる。あるいは、世帯主以外の女性労働者は調査の対象となっていない可能性が大きい。先にも述べたように、マッチ工場の主たる労働の担い手は女性だったからである。

マッチ工業と朝鮮人との関連を示す資料はきわめて少ない。新聞記事ではかろうじてつぎの記述を見つけることができた。

「当地にある鮮人労働者は去る五月末現在に於いて二千三百四十余名に及び、その中二百六十名は女にて、彼等は燐寸工場、豆選り、三菱などの掃除女として雇われて居る」（『神戸』1920.8.10）

1920年といえば、神戸のマッチ工業がピークであった時期である。豆選りとは未熟豆や割れ豆などを選り分ける仕事であるが、260名の女性のうちの何割かはマッチ工場で働いていたことをうかがわせる。

つぎに紹介する一文は、1933年頃のマッチ工場の朝鮮人女性を記述したものである。

「渡日した父の母は、マッチ工場に通った。すでにその頃、マッチ工業は斜陽化し、工場は朝鮮人の女達ばかりが雇われていた。単純な作業は日本語がわからなくてもこなすことができ、どんな

低賃金でも飛びつかざるを得ない者達で、細々と行われるようになった。賃金は日本人の半分以下であったが、朝鮮人の寄り集まりのため、土方の世界に民族差別が無かったように、衰えたマッチ工場にも民族差別は無かった。白いチマ・チョゴリ姿で並んだ女達は、故郷の川に集まって洗濯する要領で、せっせとマッチの軸木を箱詰めすればよかった。路地裏の長屋に住む男達は、おおむね日雇いの土工人夫だったが、呼び寄せられた家族は、子供までもがマッチ工場に働きに出た。警官の見回りがあると、子供たちはみな便所に隠れたが、就業年齢に達していないとはいえ、彼らも生活を支える立派な稼ぎ手だった」(郭早苗『父・KOREA』)

郭さんは在日二世で、実際の体験者からはなしを聞いて書いたと思われるが、朝鮮人女性がマッチ工場で働いている姿をいきいきと描いている。

● 長田の朝鮮人の始まり

長田は神戸でもっとも在日朝鮮人が多い地域だ。いつごろから長田に朝鮮人が住み始めたのであろうか。1920年以降と推測されるが、はっきり示す資料はない。ここでは、新聞記事資料などによる状況を積み重ねることによって、長田の朝鮮人の始まりを明らかにしてみたい。

1918年末の兵庫県における朝鮮人の状況は、次のように報道されている。

「大正三年に僅か百七十八名居た県下の鮮人は四年目の昨年末の調査では二千五十一と十五、六倍に増えて居る。此内学生

は関西学院と高商は約三十名ほど在学しているが、他は悉く労働者で市内では兵庫方面、荒田町、葺合脇浜方面に散在し、郡部では尼崎、加古川、但馬(鉱山)地方に在り、専ら土方、坑夫、人夫、職工等を働いて居る」(『又新』(1919.5.18))

葺合の脇浜方面の多くは、神戸製鋼所や川崎造船所の葺合分工場で働いていたものであろうし、また、兵庫方面は三菱造船所や川崎造船所に働くものが多かったと見られる。さらに荒田町は、「併合」前からの朝鮮飴売りの名残であろう。ここには長田(当時は林田)地区が出ていないことが注目される。1918年末の段階では、朝鮮人はあまり長田に住んでいなかったといえる。

さらに 1920 年 5 月末でも、神戸市の朝鮮人労働者は 2,340余名で、その半数近くが兵庫署管内に在住、仕事は仲仕、手伝い、大工場(『神戸』1920.8.10)となっており、長田のゴム職工はまだ登場しない。

周知のように長田の朝鮮人の集住化は、長田のゴム産業の発達に起因している。神戸のゴム工業は、第一次世界大戦後に飛躍的に発展する。他の産業が大戦後の不況で苦しんでいたとき、ゴム工業だけは不況とは無縁だったようだ。その状況を、後の『東洋ゴム新聞』は次のように伝えている(『ながたの歴史』)。

「雨後の箭と言ふ言葉があるが、大正八年の末から九年一杯にわたり所謂ゴム靴の黄金時代に幻惑され、西神戸一帯はゴム靴工場の氾濫地帯となった。この傾向は十年の初頭まで続いた結果、その頃は工場数が百十余ヶ所に及んだといふことである」

また、『又新』(1921.10.22)は、「西代方面一帯が護謨の工場地に化して了ふ程旺盛な護謨工業」という見出しを付けて、その盛況ぶりを伝えている。

なぜ神戸でゴム工業が発達したのか。これには、マッチ工業

との関連が指摘されている。「神戸のマッチ工業と朝鮮人」の項でふれたように、神戸のマッチは日清戦争後、日本のマッチ総生産の６、７割を占めるようになる。需要のほとんどは輸出であった。しかし、第一次大戦後はスウェーデン製のマッチに押されて衰退していく。このマッチ工場がゴム工場に転換したのだ。工場経営の零細性の共通点とともに、原料として共通して硫黄を使用することも、転換を促進させたという。

神戸のゴム工場の隆盛ぶりが伝えられた１９２０〜２１年頃、他の業界では不況の影響から朝鮮人がまっさきに首を切られた。こうした時代、躍進を続けるゴム工業は朝鮮人にとって魅力的だったと推測される。ゴム工場のほとんどは零細的で、労働環境や労働条件も悪かったはずだ。これは、当時のゴム工場には奄美出身者も数多く働いていたことからも推測される。この奄美出身者については次のように書かれている。

「『朝鮮部落』と呼びならわされているこのスラム地帯には、予想外に大勢の奄美諸島出身者が住んでいる。大正元年には二一人にすぎなかった在神朝鮮人が、一一年には、一五〇〇人、一五年には三〇〇〇人になったというので、『いまの不景気時に二〇〇〇人の鮮人労働者の存在は、神戸市にとってたしかに一つの重要な都市問題である』とされたそのときに、彼らとほとんどおなじ経過とテンポで流入した奄美の人が、おなじような問題をひきおこさないはずはなかった」（『日本残酷物語』現代編 1)

この朝鮮部落は、「大橋の朝鮮部落」である。大橋は、長田を流れる湊川沿いにある地区であるが、この朝鮮部落がいつから形成されたのか、明確にする資料はない。ただ 1922 年 10 月、神戸市が葺合の八雲小学校とともに、長田の御蔵小学校に朝鮮人夜学を開設しなければならないほど、長田の朝鮮人は増加し

た。

　長田の朝鮮人は、1926年には1,411人となり神戸市の朝鮮人のほぼ半分を占めるに至る。この時点で、神戸市における最大の朝鮮人集住地域となったといえる。

● 但馬の杞柳細工の朝鮮人

　杞柳細工とはどのようなものか、また豊岡の杞柳細工がどうして有名なのか。「歴史街道推進協議会」のホームページの説明によって見ていきたい。

　杞柳細工とは、柳（杞柳）の枝を原料とする行李や容器などをいう。但馬で作られた柳箱は、奈良の正倉院に保存されているほどその歴史は古い。多雨多湿の気候が原料の生育に適しているほか、柳細工の加工を容易にした。豊岡藩主・京極家の奨励もあって、積雪期の家内工業として発達し、豊岡の柳行李は全国的なものとなった。

　柳細工の原料となる杞柳は学名を「コリヤナギ」といい、楊柳科の落葉灌木で茎は細長く、1株から数十本が分岐し高さ1〜3mになる。秋に刈り取り水の中に立てておき、春に田んぼに突き刺して芽が出てくるころに皮をむいて乾燥、柳細工の原料にする。柳細工に使う杞柳は円山川で栽培されていたが、昭和の初めの円山川改修工事で杞柳栽培地はほとんど姿を消し、他府県産の杞柳を移入するようになったという。

59

豊岡の杞柳製造工場に朝鮮人職工が初めてきたのは、1921年12月の初旬のことである。新聞報道によれば、職工移入を推進したのは大邱にある東洋杞柳株式会社社長の大橋松太郎という人物で、1921年春に但馬杞柳栽培の現況と製造工場などを視察し、朝鮮人職工移入に関して城崎郡当局と間で協約を結んだ。大橋社長は朝鮮に帰って日本行きの職工を募集、しばらくして予定の人数になったため城崎郡書記ほか

『大阪毎日』1921.12.1 兵庫県付録

杞柳事業者数名が朝鮮に渡り、同地の杞柳生産状況を視察するとともに職工43名を引き取り、日本に帰国後各工場に割当雇用させるという（『大阪毎日』1921.12.1）。同記事では、もともと朝鮮人職工を移入する問題は、但馬杞柳製品の生産増加と朝鮮における杞柳製品業の啓発拡張を期すため、城崎郡勧業課と杞柳業者の間で研究されてきたともいう。

　『大阪朝日』1921年11月23日付は、「将来最も有望なる東洋杞柳会社の事業」との見出して同社の事業を紹介した。以下、この記事に基づいて東洋杞柳会社の概要を見ていきたい。

　同社の設立は1920年8月。社長の大橋松太郎が2、3の有志とともにその数年前から朝鮮杞柳組合の名の下に栽培していた杞柳事業をもとにして設立、大邱に本社を置いた。農場は達城郡月背面の第1農場、善山郡亀尾面の第2工場があり、いずれの農場とも洛東江沿岸の冠水地数百町歩から成り、交通の便が良く製品の運搬が容易で、人口密度が高いため作業人夫の供給はもとより低賃金で雇用できるという条件を備えている。

　1921年春、第1回の刈り取りで3万貫の杞柳原料を収穫、

1922年春には約8万貫の原料を得る予定である。栽培に自信を得た同社は、最近加工にも着手し現在職工30余名を使用して行李、バスケットを製造せしめている。今後の計画としては、現在の60坪の工場のほかに100余坪の工場を建築し、1922年中に200名以上の職工を養成し優良な製品を市場に出す予定である。これにより実業面から内鮮融合の目的を達成しようと努力している。

　従来朝鮮の杞柳は、ほとんど野性的で品種の統一がないため一般市価より2～3割安いが、同社の製品は内地の優良杞柳である土佐産にいささかのひけも取らないと評価されている。

　「城崎郡第1回鮮人杞柳製品伝習生競進会」が3月13日午前9時から午後4時まで、豊岡の来光寺で開催された。前年の12月に豊岡にやってきた朝鮮人職工は43人であったが、この競進会に参加したのは「病気の為め帰鮮又は逃亡し残る」27名であった（『大阪毎日』1922.3.16）。この記事だけではどれだけの数が逃亡したのかは不明であるが、日本に来てわずか3カ月ほどで約3分の1がいなくなるというのは、いったい何を意味しているのだろうか。

　競進会への参加作品は、規定では伝習生一人あたり1点以上となっているが、ちょうど一人1点の27点が出品された。審査の結果、教養者太田清蔵方の李乙□と黒坂元治郎方の申八龍の2名が1等、李小□ほか5名が2等、3等が8名、残る11名は選外佳作であったという（前掲『大阪毎日』、□は不明字）。

　1927年8月8日付の『又新』によれば、同年7月末現在豊岡署管内の朝鮮人杞柳工は26名となっている。豊岡の杞柳産業と朝鮮人を結びつける新聞記事は、先の記事と合わせ現在のところこれ以上見あたらない。ただ、これ以後も各事業者のもとで朝鮮人職工が働いていたことは、容易に推測がつく。次の

ような証言がある。

「戦前、戦中、当地の柳行李やかばんなどをつくっていた日本人業者らの下で朝鮮人が三、四人と働いていた。戦後彼らが独立しだして、柳行李・ズック・バスケット・カバンなどの製造業、杞柳作りに従事しだして現在にいたっている」（金慶海「豊岡のかばんと朝鮮人」、『兵庫の中の朝鮮』所収）

この証言は、豊岡の朝鮮人集住地域に在住の章松吉氏よるもの。養源寺の周辺にあるという朝鮮人の集住地域は、戦前からの朝鮮人杞柳職工の名残であることは想像に難くない。豊岡のカバン産業は全国的に有名であるが、それは戦前からの杞柳製品の産業に由来しているといえる。そして、朝鮮人集住地域の多くの朝鮮人がカバン産業に従事しているという。

● 灘五郷の製壜業

灘五郷は清酒の本場として知られている。18世紀半ば以降、当時の大都市江戸を販路とした酒を醸造して発展した。発展の原動力になったのは今日のいわゆる清酒（灘の生一本）で、それ以前に江戸でもてはやされていた伊丹の諸白（清酒の源流）に対抗し、それを技術的に凌駕したものであったという。

灘の地名は現在では神戸市の灘区、東灘区としてしか残っていない。しかし、昔は武庫川から西、三宮あたりまでの一帯が灘であった。五郷とはその中で酒造りが盛んであった地域で、西の方から今津郷、西宮郷、東郷（深江、魚崎）、中郷（御影、石屋、東明、八幡）、西郷（新在家、大石、味泥、岩屋）の5つ。

清酒の容器は、かつては樽であったが、1900年頃からガラス壜に詰められたものが登場し、1920年前後にはその比率が樽詰めと逆転するまでに普及する。ガラス壜の普及に伴い、阪神間にはガラス壜を製造する中小の工場がいくつもできた。それは、ちょうど日本における朝鮮人労働者が急速に増え始めた時期と重なり、労働条件の劣悪さとあいまって、製壜工場に数多くの朝鮮人が働くようになる。

　壜を造る設備には、半自動や全自動式の製壜機械（人工で吹く場合も鉄製の金型は必要）のほか、ガラスを溶かすための溶鉱炉が必要である。溶鉱炉のため工場内は非常に高温で、また、溶けたガラスを取り扱うため危険がともなったと推測される。

　朝鮮総督府の『阪神・京浜地方の朝鮮人労働者』によれば、「大正十三年（1924年）一月末現在の兵庫県下に於ける朝鮮人の職業別調を見るに、土方最も多く、之に亜ぐは紡績職工、手伝、製鉄職工、仲仕、製壜職工等の順序」で、この調査では朝鮮人男性203名が製壜業に従事していた。なお土方は、阪神国道工事や武庫川改修工事に従事していた朝鮮人である。

　戦前の在日朝鮮人の資料で、製壜といった細かい職業まで分類されて出てくるのは、20年代半ばから30年代にかけて各地の自治体の社会課などで行われた調査であるが、他府県では硝子職工に含まれているのか、製壜と分類されているものはほとんどない。すなわち、朝鮮人の製壜職工の存在が、数的にはそう多くはないが、兵庫県の一つの特徴になっているのである。

　昔は酒の販売容器は樽で、量の少ない小売は徳利で行われた。徳利は陶磁器製で重いため、やがてガラス製の徳利が生れた。明治の中頃には大阪の徳永硝子で一升壜がつくられ、ガラス壜の種類が増えるとともに普及し始めた。ただ、東京などでは壜詰めの酒は樽詰めに比べてワンランク低い評価であったが、魚

崎や御影の酒造業者は積極的に壜詰を採用し、西宮でも明治末から大正にかけて壜詰めが行われるようになった（『西宮酒造一〇〇年史』）。樽詰から壜詰めへの移行が進んだのは大正から昭和初期にかけてで、灘五郷全体で 1918 年には 17.7 ％であった壜詰が、1928 年には 36.5 ％になった。「白鶴」では 1925 年の段階で壜詰が 61 ％に達していた（『白鶴社史』）。

新聞資料（『社会運動通信』）などから朝鮮人が働いていたことが分かる製壜会社は、山村製壜所（現在の山村硝子、西宮）、長上硝子（尼崎）、東明製壜（後に大日本製壜、御影）、岡本製壜（尼崎、従業員 36 名中過半数が朝鮮人）、夷製壜（今津）、明治製壜（尼崎、従業員 100 余名中 60 名が朝鮮人）、日の出製壜（尼崎、従業員 100 余名中 41 人が朝鮮人）である。

新聞記事の多くは労働争議を扱ったもので、その争議原因は、休業や閉鎖にともなう賃金未払いや解雇手当にからむものがかなりを占める。20 年代末から 30 年代初めにかけて、世界大恐慌によって日本の産業界全体が深刻な不況に陥っていたのは事実であるが、この時期にあいついで製壜所が閉鎖されたのは、製壜の自動化が進んだためであろうか。

現在でも日本の製壜業のトップクラスにある山村製壜所は、1928 年に大きな合理化を行っている。新聞記事によれば「従来半人工でやっていた製壜作業をこんかい十五万円を投じドイツから購入した自動製壜機でやることになった結果、俄に従業員の必要がなくなり、鮮人職工五十四名、内地人三十一名、合計八十五名を解雇した」（『神戸』1928.9.2）となっている。廃業に追い込まれた製壜会社は、こうした機械化に乗り遅れたとも推測される。

1937 年の阪神間（神戸を除く）の朝鮮人製壜工は、世帯主 18 名、単身者 5 名の合わせて 23 名となっている（兵庫県社会課

『朝鮮人生活状態』)。この調査がどれほど実態をカバーしているかわからないが、以外と思えるほど少ない数字である。製壜工程の機械化、それにともなう工場の閉鎖などにより、朝鮮人労働者が駆逐されたといえるかもしれない。

● 神戸港で「固いなまこ採り」―済州島の海女

ここでいう「固いなまこ」とはくず鉄のことである。今の神戸港からは想像もつかないことだが、1930年代にはそれほど汚染がひどくなかったのであろう。潜って海草やなまこ採りができるくらいだったようだ。

当時の新聞記事によれば、「神戸の葺合、林田両区に在住している朝鮮全羅道済州島の『海女さん』たちは神戸港その他の海中で『なまこ』や『てんぐさ』を採取」(『大阪朝日』1934.6.23阪神)していた。その数は、40～50人。彼女たちは徳島県の漁場に雇われて済州島を離れたが、契約が不十分だったため就業できず、やむを得ず神戸にとどまって上記の活動をしていたとのことだ(『大阪朝日』1934.6.27－以下新聞記事の引用についてはこれら二つの記事による)。

済州島海女の出稼ぎは、1800年代末から始まったとされる。出稼ぎ先は朝鮮半島の他地域から、中国やロシアなどしだいに広範囲になった。日本には1903年の三宅島へ数名が渡ってきたのが嚆矢だといわれるが、朝鮮の植民地化にともない日本への出稼ぎが集中して行われるようになり、1930年代半ばにはその数5千人を数えたともいわれる。出稼ぎの状況については、「二月から三月ころ島を出て、秋の収穫期に合わせて八月末、

あるいは九月に帰島するというのが普通であったが、行く先の気候条件や獲物の種類などによって期間をことにする場合もあったようだ」(梁澄子「チャムス(海女)のうた」『季刊三千里』39号)とされる。

神戸港のなまこやてんぐさ採りは問題にならかなったが、海女によるくず鉄拾いが問題となった。海女が海草などを採取している時に「たまたま鉄屑が沈んでいるのを発見、それを引揚げ一円五十銭から二円の収入をあげている」、「西は兵庫運河から東は敏馬浜まで、神戸港には金になる鉄屑が一杯沈んでいる」といった風聞を「伝え聞いた四、五十人の鮮人海女が本業を忘れて鉄屑拾いに大童となっている」などと報じられるが、こうした行為が本職の廃棄物拾い業者を妨害するというのだ。

これら鉄屑の当面の権利は川崎造船所にあったようだ。こうした海女によるくず鉄拾いは失業救済にもなるとして、戊辰協和会主管の韓仁敬が橋渡し役を買って出た。某市会議員と相談のうえ、川崎造船所に対し付近海中の鉄屑採取陳情書を送ったが、川崎側の回答は、許可すれば前に不許可を言い渡した潜水夫たちに言い訳できないという否定的なものであった。そのため韓仁敬は、相生の播磨造船所にも同様の陳情を試みると報じられている。

結局、神戸水上署では1934年6月25日、一斉取り締まりを行い、女15名、男2名を引致し、廃棄物営業取締規則違反のかどで告発した。海女たちは「一日十貫に近い鉄屑を丈余の海底から拾い上げていた」とされ告発されたものだが、その後についての報道は一切なく不明である。おそらく、おおっぴらには海中のくず鉄を拾えなくなったのではないかと推測される。

ここで橋渡し役を買って出た韓仁敬について少し触れておきたい。済州島出身で1923年渡日、関西大学法科を夜学で終了

した後、ゴム仲買商ととなり、さらに 27 年から米穀商を営んだ。1929 年融和団体である戊辰協和会を設立、31 年の兵庫県会議員選挙、33 年および 37 年の神戸市会議員選挙にそれぞれ立候補したが、いずれも落選した。個人的には住宅問題解消に尽力したようだが、借家難に悩む朝鮮人や家主から不当な立ち退き料をせしめたり、贓物故買など 10 数件の違反があったとして、1939 年 9 月に内地退去処分になった(『大阪朝日』1939.9.2 阪神ほか)。

●朝鮮人炭焼きの話

　かなり以前、『むくげ通信』(133 号、1992.7)で石浜みかる著『あの戦争のなかにぼくもいた』(国土社、1992 年)の書評をしたことがある。本の内容は、戦時中の瀬戸内海の小島を舞台にした子ども向けの話しであるが、主人公を取り巻く人々のなかに何人かの朝鮮人も登場する。その中に炭焼きの子どももいた。そこで炭焼きについて、「地方での朝鮮人の職業として案外多いことが統計資料などで出てくる。細かいことであるが、実際の話にうらうちされたものであることがうかがえる」と書いた。

　実際の統計における朝鮮人炭焼きの実態はどうであろうか。1920 年代半ばから 30 年代にかけて、各地で在日朝鮮人に対する調査が行われているが、そうした調査資料のなかで炭焼きを職業とする朝鮮人が統計として出てくるのは、社会局第一部『朝鮮人労働者に関する状況』(1924 年 8 月)の島根県と大分県、それと福岡地方職業紹介事務局『管内在住朝鮮人労働事情』

（1929 年）の中の 1 名だけである。しかも前者の場合、賃金調査の中での職業のため人数さえ把握できない。

　ちなみにこの賃金調査によると、島根県の場合日本人炭焼きの最高賃金が 2.50 円、最低賃金が 1.00 円であるのに対し、朝鮮人のそれは最高が 2.00 円、最低が 0.80 円、大分県の場合は日本人の最高が 2.50 円、最低が 1.70 円であるのに対し、朝鮮人のそれは最高 2.00 円、最低 1.20 円となっている。

　考えてみれば、こうした調査は都市部を中心にして行われる。しかし、炭焼きがいるのは主に山間部で、調査員がわからないケースも多いと推定される。したがって炭焼きという職業が、こうした調査から漏れる可能性は高い。統計資料には出てこないが、当時の新聞記事にはときどき登場する。たとえば炭焼きに関係した次のような犯罪記事の報道がある。

　　「炭焼小屋を襲ふ／ふたりの不良鮮人が同じ朝鮮人を脅迫した末、強奪逃走中を捕はる（天王谷）」（『神戸新聞』1927.11.18）

　　「暴行事件二つ／懲役四年の求刑と判決（比婆郡上高野山村炭焼業）」（『中国新聞』1934.12.6）

　　「変態的要求から／わが女房を殺害／広島県上高野山村に怪事件（炭焼き夫）」（『中国新聞』1936.4.17）

　　「<北桑だより>（知井村字佐々里、作業中掛矢雇主を誤殺した朝鮮人炭焼夫を送局）」（『大阪朝日』1937.7.3 京版）

　　「炭焼の妹殺さる」（『中国新聞』1942.9.4）

これらは暴行事件や殺人事件にたまたま炭焼きが関係して記事になったものであるが、その仕事がらから発生した事故、すなわち山火事も起こった。

　　「西風に煽られて松林五町歩を焼く／炭焼き鮮人二名を引致取調べ／摩耶の火事」（『又新』1928.4.18）

「炭焼の火から裏山の火事（板宿）」（『大阪朝日』1937.5.8）

　これらの火事は神戸市の例であるが、他地域ではどうであったのか。全国的に新聞記事を調べたわけではないので分からないが、おそらく同様のことが他地域でもあっただろう。

　現代の韓国人は、炭焼きといえば江原道の山奥をイメージするそうだが、木炭が生活の中で重要な地位を占めていたその当時にあっては、炭焼きはもう少し身近な存在であったであろう。しかし、炭を焼くには窯の作り方や火のくべ方などある程度の技術を必要とする。おそらく誰にでもすぐにできる職業ではなく朝鮮で炭焼きを経験したことがある農民が、日本に来て炭焼きをしたのだろうと思われる。また、勝手に人の山に入って炭を焼くことは許されないだろうから、多くは日本人の雇用によるものであっただろう。

　ただ、炭焼きは山の中だけで行われたのではなさそうだ。大阪では次のような記事がある。

「空地の大乱闘、二十名傷つく／朝鮮人と沖縄人／港区の炭焼部落で大騒ぎ」（『大阪毎日』1932.9.16）

　大阪市の港区といえば、どう考えても山とは無縁の地域である。そこで炭焼きとは？と思われるが、かつてある人から、大阪では廃材を利用して炭を焼いていたと聞いたことがある。おそらくこの記事の炭焼部落は、廃材利用の炭焼きではなかったか。

　炭焼きが関係した労働争議もあった。新聞記事で確認できるのは、今のところ広島県と兵庫県の２件である。

　その一つは、1918年１月現広島県高田市美土里町にあった中国製鉄会社製炭所の朝鮮人炭焼き60名が、大挙して会社に押し寄せた（『芸備日日』1918.1.8）というもの。記事見出しだけからの推測であるが、賃金か待遇改善の要求をかかげてのこ

とであろう。中国製鉄は「たたら吹き」製法の会社だったという。「たたら」とは炉のなかに砂鉄と木炭を投入し、風を送って燃焼させ、鉄を作る製鉄技術。1918年といえば朝鮮人の日本への本格渡航が始まって間もない時期で、第一次世界大戦の好況による労働不足から、朝鮮で多くの炭焼き夫を募集して日本に連れてきたものと推測される。

　兵庫県の例は、1931年6月淡路浦村大磯温泉埋め立て工事に従事してた朝鮮人労働者が、賃金不払いに怒ってストライキに入り関係者の自宅に押しかけるなどの行動を取った際、附近の失業炭焼き朝鮮人がこの行動に合流したというもの(『神戸』1931.6.6)。同記事によるよると、「同村(浦村)灘山中に炭焼をしていた数十名の朝鮮人は岩屋町谷口福蔵の周旋で他の山に移る事となり四日下山したが、適当の働口がないから失業状態となり温泉埋立工事の罷業隊と合流」したという。この記事から見る限り、ここで働いていた炭焼きは、日本人に雇われて炭を焼いていたものと見られる。

『神戸』1931.6.6

　この争議は翌日である5日に急展開し、埋め立て工事の請負から金の代わりに米が送られてきたのと、「炭焼き人夫は一先ず元の灘山へ戻って働く事に話が纏まった」ため事態は平静に帰したという(『神戸』1931.6.7 兵庫県)。

　日中戦争以降、朝鮮人炭焼きの献金や労働奉仕の「美談」がしばしば新聞に紹介されている。

「半島同胞の赤誠（佐伯郡吉和村の炭焼き）」（『中国新聞』1937.8.19）

「輝く五十銭／私も陛下の赤子だ／狩小川村の半島人（炭焼き、小作、木材の搬出）」（『中国新聞』1937.8.29）

「半島人献金／庄原署員感激（比和町で炭焼き）」（『芸備日日』1937.10.14）

「（県下展望）炭焼に半島人協力（有馬郡小野村）」（『神戸』1942.10.22）

「炭焼く熱意／偉いゾ半島婦人（下佐濃村、協和会員の製炭奉仕隊）」（『京都新聞』1943.2.4）

なおこの項は、兵庫県以外の地域についての事例もあわせて紹介した。

●長田のケミカルシューズ

戦前の長田の産業はゴム靴で、それはマッチ産業から転換したものであった。戦後はゴム産業がさらにケミカルシューズ産業に転換した。まず転換にいたる経緯をみてみよう（長田区役所『ながたの歴史』参照）。

1951年生ゴム統制解除で生ゴムが豊富に出回るようになると、大手企業の品質やブランドが力を発揮するようになり、中小零細のゴム履物工場、タイヤ工場が倒産に追い込まれ、180を越えていた工場が3分の2に減少した。

さらに1953年頃には広島、岡山の大企業勢力に押され神戸のゴム靴産業は苦境におちいったが、ちょうどこの頃塩化ビニール素材が登場し、家庭貼業者がビニール靴にとびつき生産の

主導性を握ることになった。ケミカルシューズの始まりである。

　その後、接着剤の改良、耐寒性ビニールの登場でケミカルシューズは大いに発展し、最盛期には関連企業は800社を数え、その6〜7割が朝鮮人であった。ケミカルシューズ業界は日本人と朝鮮人が協調した。たとえば日本ケミカルシューズ工業組合のスローガンは、「東なく、西なく、煙突の大小を問わず、民族の如何を超えて、一本の旗のもとに」というものであった。

　ケミカルシューズ産業のはじまりについて韓晳曦は、『人生は七転八起』のなかで次のように書いている。

　「『戦後は終わった』が流行語となった。生活様式も洋風になって消費者動向も変わり、強くて長持ちするものから、おしゃれで格好いいもの、ファッション性の高いものが求められるようになった。その新時代に、従来のゴム靴、運動靴のイメージを打ち破り、時代にマッチした新素材と新技術による、ファッショナブルで安いシューズが、神戸の日朝両国人の共同開発から誕生した。ビニールシューズ、別珍靴、コール天靴、ファッションシューズなど多様な思い思いの名称のもとに、大人から子ども、幼児にいたるまでのさまざまなシューズが創造された。大量生産なので、たちまち革靴、ゴム靴を圧倒し、履物業界に新風を巻き起こした。まさに1949年以来沈滞を続けていたゴム履物業界に、ファッション性と流行について目ざめさせ、活力を与えたのであった。その創造の中心は神戸の長田で、販売の中心は東京であった」

　また、ケミカルシューズという名称の由来についても次のように書いている（韓晳曦前掲書）。

　「（東京ゴム履物卸商業協同組合の）理事会ではさまざまな案が取り上げられたが、なかなか適当な名称がない。そのなかでは清水副理事長が提案した『化学靴』が、一番ましだったが、

いかにも古びた感じで今風ではない。なにかカタカナ書きの、もう少ししゃれた名がないものか。そこで、化学靴を英語にして、ケミカルシューズではどうですか、というと、すこし舌をかみそうだが、まあいいか、ということになった。『ケミカルシューズ』に決定だ」

　このように出発した神戸のケミカルシューズであるが、1970年代にはドルショックやオイルショックにより、輸出用が半分を占めていた業界は大打撃を受け、ほとんどが国内向けになった。さらに 1995 年の阪神淡路大震災で半数以上の工場が全半壊し、関連する企業も大きな打撃を受け、神戸のケミカルシューズ産業は大きな構造的変化が求められている。

4　朝鮮人児童の教育

● 渡日初期の朝鮮児童と尋常小学校

　朝鮮人の日本への渡航が本格化したのは、第一次世界大戦による経済の好況で労働者が不足気味となった1917年頃からである。もちろん当初は単身の成人男子がほとんどで（ただ兵庫県の場合、紡績工場の人手不足から1913年あたりから朝鮮人女工がかなり働いていた）、学童の教育問題などは起こりようがなかった。

　当時問題となっていたのは、工場法と学齢児童の就労の関係である。たとえば福岡の大里硝子製造場では、1916年冬朝鮮人児童（13歳以上）3名を試験採用した結果、成績良好のため、朝鮮総督府の認可を得て朝鮮児童200人（12歳以上）を募集することにした。しかし工場法施工令第26条には、「尋常小学校（第二次世界大戦前の小学校の一種で、初等普通教育を施した学校）の教課を終了せざる学齢児童を雇傭する場合には工場主は就学に関する必要なる事項を定め地方長官の認可を受くべし」との条項があり、これを「十中八九無学な朝鮮児童に適用すべきか否か」を農商務省に問い合わせたところ「朝鮮児童は工場法施工例第26条に該当しない」との見解を得たという（『大阪毎日』1917.6.25,8.5）。

　しかし、この見解によって多くの学齢期の朝鮮児童が日本で

就労するということにはならなかったようだ。というのは、朝鮮総督府の労働者募集の認可条件に応募者の年齢制限があるからである。すなわち、1913年4月24日に出された総督府警務総監部保安課の通牒「210号」では応募者の年齢について、「但シ満十四年以上四十年以下トシ二十年未満ノ者ハ父母又ハ戸主、有夫ノ婦ハ夫ノ承諾アル者ニ限ルコト」となっている（福井譲「朝鮮総督府令第六号『労働者募集取締規則』について」）。先の大里硝子製造場は、果たして朝鮮総督府の認可を得たのであろうか。

この時期、神戸市に学齢の朝鮮児童がまったくいなかったわけではなかった。1918年11月29日付『又新』は、「朝鮮学童から職員へ説諭願」との見出しで、兵庫の川池尋常小学校に通う8歳の朝鮮児童が、朝鮮人であることで友人から虐められて傷ついたと報道している。朝鮮児童の教育を義務教育とみなす文部省普通学務局の見解が出されたのは1930年10月である（田中勝文「戦前における在日朝鮮人子弟の教育」）。したがってそれまでは、朝鮮人児童の受け入れは各小学校の裁量にゆだねられたのであろう。

このような1930年以前における朝鮮児童の尋常小学校への入学は、当然、日本の各地でみられた。たとえば筑豊炭坑地域では、1920年度に鞍手郡の新入小学校（現直方市）に2名の朝鮮児童が入学した記録が残っているという（林正登「炭坑の子ども、学校史」）。また、1924年の御影町（現神戸市東灘区）では「御影署管内に永住する鮮人の子弟で現在義務教育を受けつつある数は僅かに男児六名、女児三名で、このほかに就学年齢に達していながら就学していない児童が二十余名ある」として御影署ではこれらの児童を全部就学させるため「それに必要な世話なり手続きなりの面倒を見る事に尽力している」との報

道がある（『大阪毎日』1924.9.19兵庫）。

やはり多いのは大阪で、1923年7月時点で、北区済美第五小学校に朝鮮人の特別学級が設けられているほか、「市内各小学校及補習学校の在籍者を調査すると西区六十人、東区十七人、南区百二人、北区百九十五人、計三百七十四人の多数に上って居る」（『大阪朝日』1923.7.6）という。次に、小学校に入学した朝鮮人の体験談を見てみよう。

張斗植は「ある在日朝鮮人の記録」のなかで次のように回想している。

「一九二四（大正一三）年四月、私は横須賀に移ると間もなく、九つのとしで一年生として逸見尋常高等小学校に入学させられた。事実、それは入学したのではなく、入学させられた性質のものであった。というのは、何一つの支度もなく、引っ越して行ったと思ったらちょうど新学期で、いやがる私を無理矢理に姉がひっ張って入れてしまったのである。このとき、姉夫婦も私たちといっしょについてきていて、私の入学手続きいっさいを義兄がやってくれたようにおもう」

また朴憲行は回想録の『軌跡』のなかで、次のように書いている。

「やがて満九歳（1927年）となったが、これは尋常小学校の学齢期を一年過ぎてしまっている。これは、まだ日本語が充分ではなかったのと、移動ばかりの飯場暮らしのせいだが、とにかく一年遅れで京都北部の小学校に入学した」。やがて、兵庫県氷上郡の成松小学校に転校した彼は、「開校以来はじめての朝鮮人児童ということで、成松小学校の先生達からは大事にされた。（中略）学校で教えるのは『忠君愛国』の皇民化教育であるが、……日本の小学校であり、当時の私は、朝鮮出身でも日本国籍なのだった。あたり前と言えばあたり前なのだが、

教育の目的はよい日本人をつくることである」

　これらをみると、朝鮮児童も比較的容易に尋常小学校に入学できたようだが、そうではないという回想もある。時代は少し下がって1930年頃、兵庫県氷上郡竹田村（現市島町）に落ち着いた金乙星の家族の例である（金乙星「アボジの履歴書」）。

　「当時、竹田村にいた朝鮮人は私達の家族だけで、村の人が朝鮮人を見たのは初めてだった。そのため私の姉達が小学校に入るときは大変だった。特に上の姉は、学校になかなか入れてもらえなかった。それまで竹田村では朝鮮人が日本人の学校に入学したことがなかったため、入れるかどうかで村の役人や学校の先生達が協議したり、かなり苦慮した様であった。丹波の小さな村にとっては、前例のない大問題であったからである」

　朝鮮人の本格的な渡航が始まった1910年代後半の時期、同じ「日本人」として比較的すんなり朝鮮児童を受け入れたのか、あるいは「前例のない大問題」となったのかについては、各地の小学校によってまちまちだったであろうと推測される。

● 神戸の朝鮮人夜学校

　日本に在住する朝鮮人の増加が顕著になったのは、第一次世界大戦の好況で労働者が足りなくなった1917年以降である。朝鮮人の増加にともない、子弟教育をどうするかが問題となる。とくに初期の段階では、「日本語を解せぬばかりに義務教育も受け得ない子弟が大部分であ」るからだ。

　神戸で最初に組織された（1920年5月）朝鮮人労働団体である労働済進会もこの問題に取り組み、語学教授を開始すると

ともに、その充実を図るために 5 万円の寄附金募集活動を行った。また当局もその必要性を感じていたため、これに賛同の意向を表したという（『神戸』1920.12.3）。しかし、済進会は会長の本国帰国により消滅状態となり、1922 年 6 月に設立された労友会が運動を受け継ぐかたちとなった。

労友会は、神戸市教育課に日本語教授の目的で学校校舎の借用を申し込んだが、これが契機となって八雲、御蔵両小学校に神戸市による朝鮮人夜学が開始されることになる。神戸市は夜学開始に先立つ 1922 年 9 月 30 日、労友会の金炳祐会長を市役所に招致し、朝鮮人の学校に対する希望を聴取した。この間の事情を市教育課の本庄教育課長は次のように語っている。

「実は曩に朝鮮人の或者から朝鮮人の教育を始めたいが学校は借せないかといふ申出があったので、それは好いことだから市で行っても良いからと在神鮮人を調査すると九百人餘も神戸に居ることが判ったので愈々市で始むることとした。鮮人側の希望も聴かないと方法等は決まらないが、授業料などは一切とらないつもりである。警察側でもこれには大いに賛成してくれているやうであるが、愈実施することになれば日鮮人の融和上に大いに裨益するところがあらうと思う」（『大阪朝日』1922.10.1 神戸）

教科目、教師は労友会の希望がとりいれられたようだ。「教科目は労友会幹部等の意見により単に常識の修養に止めず普通教育を授くることとなり修身国語（鮮語及漢文）地理、歴史（内、鮮両歴史）理科とし教師は内地人一名鮮人一名とし一学級は五十名の予定である」（『神戸』1922.10.4）と報道されたとおりである。

ところで、朝鮮人夜学は開校したのは八雲、御蔵の両小学校ではなく、真野、若菜の両小学校とする新聞記事や神戸市事務

報告（1922 年）があるほか、八雲小学校の朝鮮人夜学については設立は 1923 年 4 月とする記述もある（前掲「在神半島人の現状」）。このうち「大正十一年神戸市事務報告並財務表」の記述はつぎの通りである。

「本市ニ在住スル朝鮮人ヲ調査シタルニ其人員千名以上ニ達シ、国語其他ノ知識ニ於テ教育ヲ施スノ適当ナルヲ認メタルヲ以テ、若菜、真野両校ヲ特ニ朝鮮人教育ノ学級ヲ設ケ授業ヲ開始シタリ。就学者常時八九十ニ達シ良好ノ成績ヲ挙ケツツアリ」

おそらく最初は、若菜、真野の両校も夜学校の候補にあがっていたのであろう。しかし実際は、他の新聞記事などからしても、次に紹介する朝鮮総督府「阪神・京浜地方の朝鮮人労働者」（1924 年 7 月）の記述が正しいようだ。

「兵庫県下に於いても、朝鮮人教育の必要が認められ、大正十一年（1922 年）十月三十日の学制発布記念日をトし、神戸市は東部の八雲小学校及西部の御蔵小学校夜間部に朝鮮人選修科を設け、八雲校に八十二名、御蔵校に六十名の鮮人を収容して教育を施し、平均八割方の出席を得て居る。各鮮人教師一名、内地人教師一名乃至二名を置き、在学者は十五歳以上三十歳迄の日稼職工等の労働に従事せる者大部分を占め、其の科目は国語、算術、修身、地理、歴史、漢文の 6 科目である。大阪市に於ける鮮人教育が、篤志家の苦心惨憺たる経営に成るに反し、神戸市における鮮人教育は、他の府県に率先し公共団体の事業として、特別の予算の下に之を行って居ることに、両者相異なった特色がある」。

当時の神戸市の朝鮮人集住地域は、東部の葺合地区（現中央区）と西部の長田地区で、この両地区に朝鮮人を対象とした夜学が開設されたのは当然であろう。さらに朝鮮人子弟に都合のよい選修科が両校に設けられた。そして何より大きな特徴は、

神戸市の夜学事業の一環として取り組まれたことである。先の朝鮮総督府の調査にあるように、篤志家による経営であった大阪市などとは大きく異なる。

　先の神戸市事務報告では、夜学校について「選修科ハ入学児童漸次多数ニ赴キ良好ナル成績ヲ挙ケツツアリ」とするとともに「他市ノ夜学教育状況ヲ視察セシムル為メ、主任教員中ヨリ適当ナル教員中ヨリ適当ナル教師ヲ選抜シ京都大阪両市夜学校ヲ視察セシメタリ」という。なお、こうした視察は翌年にも行われた。

　1922年11月1日から夜学は開始されたが、就学の申し込み者は当初20名と13名しかなく振るわなかった。その理由について、この事業は市と労友会の提携によって実現したが、朝鮮人の間にはいろいろな党派があり、労友会に反対しているものも多く、感情上の問題から入学希望者が少なくなっているのではないかとのうがった見方も報道された（『又新』1922.11.2、この記事では若菜、真野校となっている）。しかし入学者は日を追って増加し、11月半ばには両校合わせて100名をくだらないとされた。そして「就学者常時八九十に達シ良好ノ成績ヲ挙ケツツアリ」と同年の事業報告に記されるまでになり、翌1923年および1924年の神戸市事業報告でも「朝鮮人ニ対スル夜学教育ハ漸次良好ニ向ヒツツアリ」と報告されている。

　御蔵夜学校の開設について『御蔵小学校創立二十年史』では、「大正十一年十月三十日学制頒布五十年記念事業として（中略）御蔵夜学校を附設され同日開校す。当時は生徒数十一名、教員

「大阪毎日」1922.10.29兵庫版

は専任一名兼任二名任用され選修科一箇学級の編成に止まりしも爾来年と共に生徒数漸次増加し昭和十一年（1936年）四月に至り小学科一箇学級を増設して四箇学級編成となり、更に昭和十二年五月には生徒数二百名に達し学級数亦増加して六箇学級に及び教員は専任三名、兼任九名の盛況を呈して今日に至る」と記載している（前掲『近代の教育と夜学校』）。

●尼崎市の朝鮮人夜学断片

　尼崎市が在住朝鮮人のために夜学を開設したのは1929年4月1日。融和団体の内鮮同愛社（会）、および左派系団体である朝陽同志会からのかねてから強い要望を受け、市内の第一尋常小学校の校舎を借りての開設であった。しかし、いざふたを開けてみるとひとりの出席もなかった。そのため同月10日市役所に朴炳仁、洪小龍（以上内鮮同愛社）、崔浩俊（朝陽同志会）を呼んで善後策を協議したが、これに積極的に応えたのが内鮮同愛社であった。

　同愛社の会員が手分けして朝鮮人使用の各工場へビラを配布するなどし、ようやく32名の就学希望者をつのることができた。予定から半月遅れの15日、第一小学校で夜学の開校式が挙行された。当初は男23人、女6名での出発であったが、すぐに男は37名に増え、1教室では収容できなくなって2組に分かれて授業した。内鮮同愛社は入学者に対して教科書、雑記帳その他の学用品を与えて奨励に努めたという。

　この夜学校のルポ記事が1929年5月4日付『大阪毎日』に、「"風のまにまに"児を背負った母親達まで／一生懸命にお稽古／

朝鮮人夜学校覗き」との見出しで掲載された。記者は内鮮同愛会の会長「吉田長市こと朴炳仁」に案内されての取材で、ここでもこの夜学と内鮮同愛会のむすびつきの強さが感じられる。以下、この記事をもとに夜学校の様子をみてみよう。

　授業は日曜祭日を除く午後7時から9時まで。通学生は男65名、女子15名の合わせて80名で年齢は7歳から30歳までで、中には親子で勉強しているものもいるという。大人は必要に迫られてやっているため、概して熱心だそうだ。日本の先生が訓戒を与えるときは、どうしても言葉が難しくなるので日本語のうまい級長が通訳するとのこと。

　「その教室の生徒は二十名ばかり。背中に乳飲み子をおんぶしたまま教科書を見ている三十恰好の朝鮮婦人、メリヤス一枚の若者、一人の子供が机にうつぶせになって船を漕いでいます。これは昼の働きの疲れから居眠りをしているので先生も怒りません」

　「先生が白墨を走らせました。　サルガ　カキノ　タネヲ　カニニヤリマシタ、　カニガニギリメシヲサルニ　ヤリマシタ

　国定教科書の巻の一、猿蟹合戦の一くだりらしいが意味がよく通じないと見て、朝鮮語と日本語が続けさまにボールドに書かれます　サル（ウォンシイ）カニ（ケエ）カキノタネ（カムシイ）ニギリメシ（ツムパ）メ（ヌン）ハサミ（カセ）キ（ナム）ミ（カ

『大阪毎日』1929.5.4

アモリムングンダア）アヲイ（プルングー）シヌ（ツングンダー）コガニ（チャヌンゲー）　やがて九時の拍子木が響き級長が励声一番『起立、礼』と叫び、ここに授業が終わりました」（ここに出てくる「カアモリムングンダア」は皮をむいて食べるの意味であろう）

　少し怪しげな朝鮮語ではあるが、日本人の先生は多少とも朝鮮語を勉強したのだろうか。ルポ記事は、「何にしてもかうして内地で勉強できるのは嬉しいことに違ひありません。内鮮融和の実もここから芽をふくでせう」という朴炳仁の言葉で締めくくられている。

　なお、朴炳仁は1932年5月の尼崎市会議員選挙に立候補して当選、全国で初めての朝鮮人市会議員として注目された。

● 須磨の朝鮮人夜学

　1930年代の初め、神戸市における朝鮮人を対象にした夜学は、御蔵小学校（林田区）と八雲小学校（葺合区）の2校だけだったという。いずれも神戸市によって1922年に開設されたもので、内鮮融和を旨とし、学校の所在地の林田区（現長田区）、葺合区（現中央区）はともに朝鮮人集住地域であった。

　これに対し須磨区の朝鮮人子弟は、地域的にこうした恩恵に浴していないとして、1930年11月4日、須磨区方面委員会（方面委員とは地域の救済行政を補完する名誉職委員で、第二次世界大戦後の民生委員の前身）が朝鮮人夜学小学校の開設を協議した。協議内容を新聞報道で見ると次のとおりである。

　「須磨区管内に居住する朝鮮人約六百名のうち未就学鮮童二十八名及び大人の無教育者二十六名があるので、先づ夜学開設

方につき市の意見を徴したうへ、市に開設の意見なき場合は方面委員の手で開校し、中等教育を受けた区内の朝鮮人四名を教師とし週二日は朝鮮語、四日は日本語にて教育を施すことを申し合わせた」(『大阪朝日』1930.11.7 神戸)

　須磨の朝鮮人夜学が存在したことはほぼ確実である。しかし、どのような経過で設立され、内容はどうだったのか。新聞記事資料だけではきわめて不十分で、推測に頼らざるを得ない部分も多いが見てみよう。

　まず夜学開設に神戸市がかかわったのかどうかである。神戸市は 1941 年 6 月、就学児童は全部昼間教育を受けなければならないという文部省方針により、夜学校閉鎖を打ち出した。当時市内には 8 校の夜学校があり、就学児童は 174 名だったが、その大部分は朝鮮人子弟であったという (『神戸』1941.6.5)。市内の夜学が 8 校となっているが、朝鮮人児童を対象とすると銘打った夜学校が 2 校から増えたがどうかは不明である。神戸市による夜学がいつから閉鎖されたのか、この記事からはわからない。一方、同年 10 月に真陽小学校で夜学生による運動会が盛大に開催された (『東亜新聞』1941.10.15) という記事がある。もし、閉鎖が 10 月以前だとすれば、この運動会が行われた夜学は神戸市とは関係ないことになるのだろうか。

　ウリ協親会が関係したとみられる記事もある。ウリ協親会は神戸製鋼所の従業員を中心とした左翼傾向の民族団体で、1929 年 10 月 10 日に設立された。

　朝鮮の『中央日報』(1935.3.21) は、「神戸在留人の唯一の夜学校」との見出しで、「ウリ協親会が異域で育つ子女たちのために夜学を設置して、会長曺石允氏斡旋で金富守孃が教鞭を執ってから 3 ヶ年がすぎた 17 日午後 7 時、同夜学校学芸会を当地某所小学校講堂で開催した」と報じている。ウリ協親会の拠

点は葺合区（現中央区）であるから、この記事は「須磨の夜学」とは関係ないとの見方もできるが、この記事の夜学の設立が1932年で、神戸朝鮮人の唯一の夜学であること、一方、先の真陽小学校で開催された夜学運動会は第7回で、先の夜学の1932年設立と矛盾しないことから、これらは同一の学校であった可能性は高い。なお、朝鮮語新聞に「唯一の夜学校」なる表現が使われているのは、同胞経営による、すなわち神戸市とは関係ない「唯一の夜学校」を示すものともいえる。

須磨の朝鮮人夜学の存在を明確に示す記事としては、「神戸同胞夜学生童話大会」との見出しの『朝鮮日報』1935年1月13日付がある。内容は「神戸市須磨区松野通りに居住する同胞達は、わが無産児童のためにたとえ夜学でも設立し、かろうじて経営してきたが、新年の劈頭にあたり同夜学の創立を記念するために童謡童話大会をさる1月7日夜、真陽小学校大講堂で開催したが、観覧者が500、600名に達し盛大であった。（後略）」というもの。

ところで、夜学はどの学校で行われていたのであろうか。先の新聞記事からすなおに推測すれば真陽小学校ということになるが、その所在地は須磨区ではなく林田区であった。もっとも林田区の東隣が須磨区であるから、この地区の朝鮮人は両区に昆住しており、林田区の学校を使用しても不思議はない。ただ、それなら林田の御蔵小学校に神戸市による朝鮮人夜学があるのにもかかわらず、なぜ須磨区方面委員会が夜学の不在を問題にしたのかという疑問は残る。おもしろいのは御蔵小学校における朝鮮人慰安素人演劇会の開催を報じた『大阪毎日』の記事（1934.9.15）で、その主体を「林田区須磨鮮人夜学校」と表現している。

真陽小学校は、1928年には在籍児童数が3,691人を数え日本

一になったという大きな学校で、長田小学校や御蔵小学校などもここから分離してできたという。童謡童話大会の記事で観覧者が500、600名に達したとあるから、かなり広い講堂が必要とされたのであろう。あるいは、何か大きな催しがあるときだけ真陽小学校を借りたとも考えられるが、はっきりしたことは分からない。

●神戸の朝鮮人幼稚園

　神戸には神戸朝鮮幼稚園と兵庫幼稚園の二つの朝鮮人の幼稚園があったようだ。ただ、これらの幼稚園に関する資料としては『朝鮮日報』の限られた記事以外には見あたらない。したがってその全容については不明である。
　また大韓基督教会の年表には、1933年4月に須磨教会（園長:Maclay宣教師）で幼稚園が開園したとあるが、この幼稚園ついてこれ以上のことは分からない。
　先の年表によると幼稚園開園が最も早いのは、大阪今宮教会の1928年6月であり、同年10月の兵庫教会がそれに続く。在日の朝鮮人女性の数が増え、保育所や幼稚園の必要性が高まってきたのがこの時期であるといえる。
　次ページのグラフは、在日朝鮮人の年齢別男女構成状況を現したものである（金相賢『在日韓国人－在日同胞100年史』）。
　男性が圧倒的に多い1920年の状況に比べ、1930年には女性の比率がかなり高まっているのがわかる。さらに1940年になると男女比はかなり拮抗するようになる。ちなみに、神戸市社会課調査による1929年11月現在の神戸市の朝鮮人人口6,051

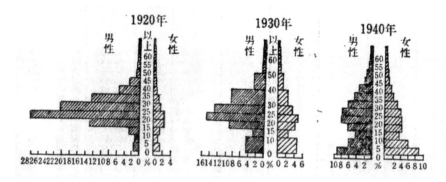

人のうち、男は 4,039 人、女 2,012 人であった(「神戸市在住朝鮮人の現状」)。

　この神戸市の調査によると、神戸市の朝鮮人の分布は葺合区(現中央区、1,722 人)と林田区(現長田区、2,796 人)の両区で過半数を占める。この両区は神戸市の東部と西部の工業地帯であり、朝鮮人幼稚園がこの両区に存在したのは、いわば必然であったであろう。

　兵庫幼稚園の所在地は神戸市林田区西尻池町の朝鮮基督教会内。新聞記事では「現園長牧師現園長牧師明在□氏が 8 年前に設立し、現在園児 50 余名」(『朝鮮日報』1937.12.13)、「保母金永善氏(一人)のたえまない努力で運営されてきた」(『同』1937.7.15)となっている。7 月 15 日付記事は有志による後援会が組織されたことを報じたもので、12 月 13 日付記事はこの後援会の慰安会が教会堂ホールで開催されるとともに、懸案であった保母助手 1 名の採用を満場一致で決定したとの内容である。なお、7 月に組織された後援会の役員は、会長＝李子順、理事長＝劉□烈、理事＝李載昊、孫南□、金活賢、金活仁、崔元基外 8 名であった(□は不明字)。このうち理事の李載昊は西神消費組合に関係した人物であり、劉□烈は、キリスト教との関係は不明であるが神戸朝鮮労働同盟会以来の活動家劉鐘烈

4 朝鮮人児童の教育

かもしれない。

　神戸朝鮮幼稚園については、1932年2月に葺合区脇浜町の脇浜小学校で新春慰安会を開催したこと、1935年11月に同じく脇浜小学校で学芸会が開催されたという二つの記事があるが、同幼稚園の設立経過などについては不明である。ただ、1932年の慰安会を後援したのは神戸ウリ協親会と朝鮮日報神戸支局であること、また、1935年の学芸会の開催に際して義捐金を拠出した50数名が記事に掲載されているが、そのなかに崔時豊（神戸朝鮮人消費組合）、丁奎燦（泗龍親睦会）、李香雨（兵庫朝鮮労働組合）、羅宗均（兵庫県朝鮮人団体連合会）など民族系、あるいは左翼系列の人物が含まれていることから、そうした団体に後押しされた幼稚園であったことがうかがえる。一方、学芸会で高麗偉牧師が開会の辞を述べていることから、キリスト教とも何らかの関係があったと推測される。

　1935年11月16日に開催された神戸朝鮮幼稚園の学芸会（写真）は、「定刻前に集まってきた朝鮮婦人でまたたく間に超満員になり……順序どおり30余演目を無事に終え、11時（午後）に閉会した」と報じられている。

『朝鮮日報』1935.11.22

●西宮の融和団体と夜学

　西宮の融和団体については、「従来地域的に或いは人の勢力関係で大同協会、内鮮融和会など十幾つの団体に分かれていた」との報道がある（『大阪朝日』1939.2.25）。1939年3月に「西宮内鮮協和会」が発会する予定になっていると報じた記事であるが、このなかの大同協会とは大同協会西宮支部（この時は兵庫県本部）で、そのほか新聞記事で内鮮救進会（今津）、相互親和会（鳴尾）の2団体が確認できる。協和会は各地の警察を核として朝鮮人を統制する組織であるが、その設立にあたっては従来の団体をすべて解散させた。既存の融和団体を無条件に取り入れたり、その連合体をつくることは避けるのが原則であったためだ。

　話を大同協会にもどそう。大同協会は山本芳治代議士を会長とする大阪の融和団体で、その西宮支部は1933年6月18日に発会式を挙げた。西宮市本町会館で挙行された発会式のもようは、「西宮署管内在住の鮮人約二百五十名出席、型の如く式を進行して永良市教育課長、その他来賓の祝辞あり、支部長に市会議員光島美作男氏を推挙して十時半散会した」（『神戸』1933.6.20 兵庫）と報じられている。なお、これに先立つ報道では支部を今津東浜に置き、鄭雲淳（33）らが幹部であるとしている（『神戸』1933.6.8 兵庫）。しかし、その後の報道などからみて実際に支部が置かれたのは津田町だったようだ。

　西宮の大同協会がまず取り組んだのが夜学の設置である。発会後まもない7月3日、光島支部長以下約10名の同会幹部が西宮市役所に紅野市長を訪ね、「多数の朝鮮人児童が市内の小学校に通学しているが内地語を十分理解せぬため遺憾の点すくな

『大阪朝日』1934.7.3 阪神

からず、よってこの際これらの朝鮮人学童のため市に夜学校を設け内地語を習得する一方学校の補習教育をなすやう努力されたし」と陳情した（『大阪朝日』1933.7.4 阪神）。

1934年6月18日、大同協会西宮支部は200余名の出席のもとに創立1周年記念大会を開催、市から240円の補助を受けて夜学を始めること、同会を大同協会兵庫本部と改称することを明らかにする。この時の幹部は会長＝光島美作男、副会長＝鄭雲俊、金正吉、総務兼常任幹事＝朴斗浩となっている（『大阪朝日』1934.6.20 阪神）。

夜学校が開設されたのは7月2日（『大阪朝日』1934.7.3 阪神）であった。教師は大同協会の朴斗浩氏が担当。場所は津田町の大同協会事務所の一階で、7月18日現在で約30名の朝鮮人子弟が学んでいた。これらのことが分かるのは、大同協会で起こった喧嘩の記事からである（『又新』1934.7.21）。「教室の真上で殴る蹴る大喧嘩」の見出しにあるように、夜学が行われている最中の喧嘩で、夜学生のみならず附近の朝鮮人ら100余名が雲集し、大変な騒ぎだったという。この騒ぎで7月19日西宮署の手入れが行われ、副会長金正吉、総務朴等（斗か）浩、人事部長徐武龍、常任幹事金龍判、同朴坤、教育部長金忠斗、調査部員金重黙の7名が検束された。喧嘩の原因は不明。

夜学以外の活動で唯一報道されているのは、西宮東浜海岸のバラック立ち退き問題であった。このバラックに居住する朝鮮人は40戸200名で、地主から無断使用を理由に立ち退きが要請されたが立ち退かないため、1934年6月25日西宮署は10日以内の立ち退きを命じた。これに対して大同協会は、立ち退

いても行く先がないため住宅地を与えるよう市に要望し、「市がその便宜を計ってくれれば協会は責任をもって立退かしめると奔走している」と報道されている（『大阪朝日』1934.6.26 阪神）。

相互親和会は鳴尾村居住の朝鮮人有志により、内鮮融和と阪神間居住朝鮮人の互助機関として、1932年9月25日鳴尾青年会館で発会式を挙行した。会長は金琪泳で発会当初の会員は60名であった（『大阪毎日』1932.9.27 阪神）。相互親和会に関する報道はこれだけしか見当たらず、発会以後どのような活動をしたのか不明である。

内鮮救進会は今津町居住の朝鮮人によって組織された融和団体で、1933年1月18日今津町青年会館で40名の参席のもと発会式を挙行した。発会当初の会員は約80名、会長には呉性三が就任した（『神戸』1933.1.18 兵庫）。

新聞に報道された活動としては次のようなものがある。

1933年11月、ユニオンビール西宮工場増築工事に従事する朝鮮人労働者が、195人の10月分給料を孫請業者に持ち逃げされた。これにたいし内鮮救進会では下請け業者に斡旋して立て替え払いを実現する（『大阪毎日』1933.11.24 阪神）。1933年12月、年末の貧困者見舞いのため会員から白米5斗余を募集、日本人、朝鮮人を問わず見舞いとして贈る（『大阪毎日』1933.12.23 阪神）。1934年12月1日より朝鮮人児童10名前後で夜学を開始した（『神戸』1934.12.4 兵庫）。

以上、西宮における朝鮮人の融和団体についてみてきた、紹介した3団体のうち2団体が夜学を実践しているのが注目される。兵庫県の他地域でも、融和団体で夜学を実践しているところは数多く見られる。「内鮮融和はまず言葉から」のスローガンを実践したものであろうか。

4　朝鮮人児童の教育

●関西普通学堂の設立

武庫村守部の朝鮮人

　関西普通学堂が設立されたのは武庫村の守部である。この守部に多くの朝鮮人が居住するようになったきっかけは、1920年8月に始まる武庫川改修工事であったようだ。工事は同年10月から本格化し、改修工事の労働者は川の両側に飯場を設けて工事に従事した。当初朝鮮人は200名程度であったと推測される（拙稿「新聞記事に見る武庫川改修工事と朝鮮人」『むくげ通信』153号所収）。

　兵庫県学務部社会課『兵庫県協和関係一般情況』によると、この工事に従事した朝鮮人が逐次現場付近の村落に居住するようになり、その後工事の完成とともに大部分は他地方に移動したが、一部は守部にとどまり、武庫川の砂利採取その他に従事し、親類知己を呼び寄せ、さらに他の朝鮮人が流入してしだいに膨張していったという。

　武庫川改修の第1期工事が竣工したのは1923年3月。守部に朝鮮人が増え始めたのが1930年以降であるから、この間かなりの時間の経過はあるが、この記述はおおむね正しいと推定される。

　武庫村では当初農耕の関係から朝鮮人の移住を歓迎していたが、あまりに激しい増加と、その割に税金が取れないことから厄介視するようになったという（『神戸』1933.7.7 県下）。この税金をとれないことが、この地区の朝鮮人子弟の教育問題の背景となった。

　守部の朝鮮人の生活基盤は、砂利採取が主であった。1933年時点で「武庫村だけで約一千人その他沿岸の町村を合すと約

二千人」の朝鮮人が砂利採取で生活していた（『大阪毎日』1933.9.26阪神）。砂利採取は兵庫県の許可で行われており、「同[武庫村]河原で二百名から三百名の朝鮮人が、県土木部または請負業者に雇はれて砂利採取に従事していた」（『又新』1933.7.9）。しかし、付近の農民から川底が低くなると田畑に水が入らなくなるとの苦情が出たため、33年7月武庫村当局は砂利採取の出願を差し止めるという挙に出て社会問題となった。

朝鮮人は死活問題だとして、内鮮相助会などを中心に村当局や県西宮土木出張所に砂利採取条件の緩和方法の講究方を陳情した。苦慮した村当局は検討の結果、「床止め施設を2ヶ所増設すれば砂利採取で灌漑用水に影響を来すおそれはない」ことがわかり、田近武庫村村長が施設の設置を県当局に要求した。新聞記事では、県もこの施設設置に了解しているとの報道以降、床止め施工の具体的な報道は見あたらないが、おそらく床止め施設は造られたのであろう。その後も武庫川の砂利採取は行われた。

内鮮相助会

内鮮相助会は先の武庫川砂利採取問題だけでなく、朝鮮人子弟の教育にも積極的に関与し、関西普通学堂の設立にも重要な役割を果たした。

融和団体である内鮮相助会は、1932年8月20日守部在住の朝鮮人によって創立された（『大阪朝日』1932.8.20阪神）。金南茁、鄭光福、朴辛出、林錫煮らが中心メンバーで、相互扶助、内鮮融和、共存共栄をスローガンにかかげた。このうち金南茁は砂利採取請負業者で、1933年と1937年の2回にわたって武庫村村会議員選挙に立候補して当選した。1932年時点で武庫村

在住の朝鮮人は約 800 名であった。

　会の発足直後の 8 月 28 日、事務所内に日本語の夜学校を開設した。生徒は老幼男女 120 余名で、委員 4 名が先生となって教えた（『大阪朝日』1932.8.28 阪神）。同年 9 月 15 日には武庫村居住朝鮮人 100 余名が村役場に押しかけ、選挙権を与えよと要求した。武庫村には多数の朝鮮人が居住しているが選挙有権者は極めて少なく、31 年に登録されたものもわずか 5 名にすぎなかったため、結局、内鮮相助会が代表して当局と交渉し、3 年以上居住者 115 名、1 年以上居住者 10 名を申告し、調査を促して引き上げた（『大阪朝日』1932.9.18 阪神）。33 年選挙時の金南茁の当選は、こうした運動の成果であろう。

関西普通学堂の設立

　1933 年 4 月武庫村小学校は校舎の狭隘を理由に朝鮮人の入学を拒絶した（『神戸』1933.7.7 兵庫）。当時同小学校に通学していた児童は男 39 名、女 16 名の 55 名で、33 年 4 月に学齢に達した者は男 28 名、女 20 名の計 48 名であった。「就学児童の問題は校舎が狭いので、成る程断ったが、よく諒解して呉れている筈だ」と田近村長は語っている（同上）。おそらく村長は、村税のうえで朝鮮人が何らの負担もしていないので、校舎の増設がしたくてもできない事情を説明したにちがいない。

　しかし、朝鮮人父兄の教育に対する要望は強く、内鮮相助会も強力に働きかけた。その結果生まれたのが、朝鮮人児童のみを収容する関西普通学堂であった。その経緯を田近村長は次のように語っている。

　「村立小学校へ入学希望の児童があっても言葉が不通のため就学を断念していた子どももある。これでは気の毒だといろいろ研究した結果、朝鮮人児童のみを収容する小学校を設けるこ

とにした。一両日中に県庁へ行って学務部ならびに社会課に諒解を求めるはずで、県さえ承知してくれれば四月早々から開校する。校舎は差当り同所に朝鮮人クラブがあるのでこれを借りるつもりだ」(『大阪毎日』1934.3.16 阪神)

同所の朝鮮人クラブとは内鮮相助会のことである。朝鮮人児童の村立小学校への入学拒否を棚に上げた弁であるが、朝鮮人父兄とのギリギリの折衝の結果こうなったのであろう。1934年春時点で学齢期に達した朝鮮人児童は 50 名であった。

1934 年 4 月 26 日、関西普通学堂は武庫村小学校の分校の形式で設立された。校舎は内鮮相助会の事務所内に置かれ、教師は武庫村小学校から交代で派遣された。しかし、後に問題になるように学校とは名ばかりのお粗末な施設であった。

同年 7 月に関西普通学堂の経営主体が変更された。村営をやめ委員会制度を設け、この委員の手で県ならびに同村の補助金を得て経営していくことになった(『大阪毎日』1934.7.13 阪神)。経営委員は 5 名で、村長が委員長をつとめた。1936 年の委員は村長、区長、内鮮融和会長(朝鮮人)、村会議員2名(うち1名は朝鮮人)であった(前掲小野寺論文)。

なお学堂の校舎は、「近く四町村共同病院が竣工すれば村立避病舎が不要となるので県費の補助を受けて移転改築、これを学堂にあてるはず」と報じられている(『大阪毎日』1934.7.13 阪神)。

朝鮮児童の就学問題

関西普通学堂の不充分さは、1935 年 6 月に朝鮮児童の就学問題がクローズアップされたことにより、一挙に露呈した。発端は大庄村小学校の武庫村朝鮮児童退学問題である。同年 6 月大庄村小学校は学童らの居住地調査の結果、「狭隘なる同村校

舎に他村居住の児童は収容しかねる」との理由により、武庫村朝鮮人児童を全部退学させた。こうした動きは大庄村だけにとどまらず、他村にも波及した。このため武庫村在住の朝鮮人230名が連署で「朝鮮人児童に教育を与えよ」と訴え、6月27日内鮮相助会の鄭光福が代表して知事に陳情した。また、尼崎市議の朴炳仁らも動いた。

　当時の武庫村守部（現在の尼崎市南武庫之荘）の朝鮮人児童就学情況については、次のように報道されている。

　「武庫村守部の就学適齢児童は百十数名あり、このうち同村小学校には二十七名入学しているのをはじめ付近の大庄村小学校に三十二名、立花村小学校に二名、瓦木村小学校に六名通学中で、なおこのほか就学を希望して入学難に災されているものが相当あり、これらは内鮮相互[助]会本部内の関西学堂に収容しているものの経費の関係から設備が極めて不完全で、教育とは名のみの状態におかれており……」（『大阪毎日』1935.6.21阪神）

　また朝鮮語の新聞である『民衆時報』（1935.8.15）もこの問題を社説でとりあげ、武庫村の朝鮮人児童入学拒否の態度を次のように論難している。

　「元来がどこも同じような経営難に陥っている村営学校であり、児童の激増にともなう学級または学舎の増設が容易でないことはもちろん、それによって入学児童の父兄に特別負担金（年二十四円）を賦課することは、学校経営上やむを得ない措置であるかもしれないが、これらの負担力の欠如を理由についには入学を拒絶するのは、朝鮮人児童の教育上見逃せない重大問題である」

　こうした朝鮮人団体などの陳情により、兵庫県は内鮮係長らに武庫村守部を視察させるとともに、村および学校当局、父兄

代表らから実状を聴取した（『大阪朝日』1935.6.29 阪神）。その結果「退学理由の薄弱なものは復校さすと同時に、武庫村などは寺子屋式の鮮人学舎を内容充実したものにさせて希望に添ふよう善処さす」との声明を出した（『大阪毎日』1935.8.3 阪神）。しかし、各村とも校舎の関係などからこの声明どおりに実行する気配はなく、有志からの陳情は続いていると報じられている（同上）。

その後の関西普通学堂

朝鮮人児童の就学問題による陳情の多少の成果であろうか。1935年11月16日、関西普通学堂は新たに武庫村に校舎を新築し、落成式を行なった（『大阪朝日』1935.11.16 阪神）。さらに1939年1月20日には、武庫村小学校の増改築に伴い取り除かれた旧校舎の建物を移して校舎の増築を行い、その落成式を挙行した（『大阪毎日』1939.1.20 阪神）。

また1939年6月には、武庫尋常高等小学校の分教場となり、1941年4月武庫国民学校分教場と改称した。戦後、朝鮮人初級学校として在日朝鮮人連盟の管理のもとで民族教育が行われたが、1948年ＧＨＱの学校閉鎖命令により、1949年武庫小学校分校となり、1966年に廃止された。

1930年代に入ると在日朝鮮人の定住化傾向は強まってくるが、子弟に対する教育の姿勢に融和系団体と左翼・民族主義系団体では異なった傾向が出てくる。すなわち融和系は日本語を中心とした教育であり、左翼・民族主義系は朝鮮語、民族の歴史を重視した教育である。関西普通学堂は日本の公的施設であるが、融和系に属する学校であるといえる。左翼・民族主義系の学校（夜学校）のような弾圧は受けなかったが、差別の中でしっかりした教育を維持することは、決して容易ではなかった

ようだ。

　なお、先の関西普通学童を扱った小野寺論文では、関西普通学堂は分離教育であり、日本人の差別意識がそれを推進したことが強調されている。客観的には正しい指摘と思うが、学堂が設立された情況からみて、当初からそこまで意図的であったのかどうかは疑問が残る。

●宝塚の融和団体と朝鮮保育園

　小学児童以上の年齢を対象とした朝鮮人の夜学は、多くの朝鮮人団体、組織の活動の一環として展開された。ただ、小学校に上がる前の児童を対象とした朝鮮人の幼稚園はそう多くはなく、しかもその多くがキリスト教会が経営するものだったようだ。

　いま、在日大韓基督教会の年表から幼稚園の開園を拾ってみると、1928年6月大阪今宮教会、同年10月兵庫教会（児童30余名）、1930年9月名古屋教会（永生学園、園児20名）で、1932年9月現在で幼稚園5園（園児119名）であった。その後、1933年4月須磨教会（園長:Maclay宣教師）、1934年11月京都田中幼稚園（園長:高光模）、1935年福島教会（愛光託児園、園長:金英哲牧師）と続く。キリスト教関係以外では大阪に槿花園（1927年設立）があった（『民衆時報』1931.3.1）。

　神戸市では先の兵庫幼稚園のほか、東部の葺合地区（現中央区）を中心とした神戸朝鮮幼稚園があった。教会との関係は不明だが、1935年11月に開催された同園主催の学芸会で高麗偉牧師（先の年表では1933年6月兵庫教会に赴任とある）が開

会の辞を述べていることから（『朝鮮日報』1935.11.22）、何らかの関係はあったものと推定される。

ところで宝塚の朝鮮保育園は、宝塚親向会という融和団体が経営主体で、全国的にも珍しいものでなかったかと思われる。

宝塚保育園の開園および園内の風景は、『大阪毎日』1937年6月11日付阪神版で次のように報道されている。

「（宝塚親向会は）新事業として武庫郡良元村大字伊子志(いそし)に宝塚保育園を開いた。これは小学校入学期まで放任しがちにしている朝鮮人幼児たちを導くため内地の幼稚園の組織に習って設立したもので、現在の園児は二十六名、親向会役員の金牧師が指導にあたり、昨年大阪ウイルミナ女学校を卒業した金玉姫さんが保姆役となって世話を続けている。現在のところ園舎は借家の普通家屋で狭いため内鮮の童謡、舞踊や体操は逆瀬川沿岸の空地でやっているが成績よく、小守親向会長らは将来県その他の補助を受けて拡張、収容児童も増加し主旨の徹底をはかりたいと準備を進めている」

『大阪毎日』1937.6.11 阪神

園舎は「借家の普通家屋」で伊子志地区の逆瀬川(武庫川の支流)沿いにあったことはこの記事から推定できるが、場所は特定できない。ところで「親向会役員の金牧師」であるが、この金牧師は金英哲牧師で、先の年表の愛光託児園園長の金英哲牧師と同一人物ではないかと推定される。幼稚園園長の経験があり、次の経歴に見られるように1937当時伊子志に住んでおり、また警察とも一定のつながりがあるからだ。

金英哲牧師は関西学院神学部出身で、1931年には後の阪神教育闘争で有名な朴柱範(朝連兵庫県本部委員長で阪神教育闘争で検挙、仮出獄直後に死亡)とともに教会（監理教＝メソジスト）を開き、同胞信者を集めて教理説教と啓蒙運動に尽力した。解放後、郷里の公州で左翼の疑いで逮捕され、その後の消息は不明とされる（阪神教育闘争50周年記念神戸集会実行委員会『忘れまい 4.24』）。1937年頃には伊子志に住み、普及福音教会牧師の身分で宝塚署の要請によって署員に朝鮮語を指導した（『大阪朝日』1937.2.6阪神）。

　なお、保母役の金玉姫が卒業した大阪ウイルミナ女学校は、正式にはウキルミナ女学校。大阪の長老教会系のミッションスクールで1939年に校名が変更され大阪女学院高等女学部となる。また親向会長は小守通義で、1938年に報道された記事では同会の幹事役となっている。

　次に融和団体である宝塚親向会について見てみよう。
　宝塚親向会は、阪本宝塚警察署長および良元、小浜、塩瀬の各村長らが主導して組織化されたもので、朝鮮人180名の参加でもって1936年12月16日午後6時半より宝塚第一小学校で創立総会を開いた。
　この会は朝鮮酒密造、賭博など永年生活にしみこんだ悪習を根絶し、生活の向上を目指すことを目標に掲げ、教育、金融、防犯などの指導監督の役員を選任、教育係は不就学児童の防止に、防犯係は所轄署員と協力して各種犯罪の発見予防にあたることにした。また顧問には関西学院副学長が就任したという（『大阪毎日』1936.12.17阪神）。
　翌年1月29日、この創立の挨拶状を各団体や小浜、良元、塩瀬村内の有力者に送り、同

『大阪毎日』1937.1.30

会の労働者に仕事を与えるよう要請した(『大阪毎日』1937.1.30 阪神)。また同年 2 月には基本金募集のため、14 日から 2 日間蓬莱館で朝鮮舞踊競歌の会を開く予定だと報道されている(『大阪毎日』1937.2.9 阪神)。

　1938 年 3 月同会金応珠ら代表者が広田神社に参拝し日本軍の武運長久を祈り、兵士にお守りとお札を送るよう宝塚署に依頼(『大阪朝日』1938.3.24 阪神)、また同年 8 月 5 日には会員 92 名が水害(同年7月初旬の阪神大水害)でとくに被害の大きかった本山村(現神戸市東灘区)の土砂取除け作業の応援に赴いた(『大阪朝日』1938.8.10 阪神)。

　さらに 8 月 11 日には、代表者数名がさらに積極的な活動を行いたいと宝塚署に管内の出征遺家族の勤労奉仕を願い出た(『大阪朝日』1938.8.12 阪神)。この新聞報道によれば代表者の金応珠は、「私たちは会員が三百名をもをりますし経済的のお手つだひは出来ませんが労働奉仕でお役に立つことならなんでもさしていただきます」と語ったという。金応珠の言葉通り会員が 300 名であれば、1936 年 12 月の発足時に比べかなり増えたことになる。

　ところで、鄭鴻永著『歌劇の街のもう一つの歴史－宝塚と朝鮮人』の中に、この親向会の会員 100 人以上の集合写真が掲載されている。写真の上部には「親向会創立記念」の文字が添えられており、下部には「朝鮮人団体ヲ結成昭和 13 年 4 月 3 日 川万旅館 3 階」の文字が記されている。しかし、先の新聞記事に見られるように、親向会が 1938 年 4 月に創立されたとは到底考えられない。何かの記念式典か行事の後の写真ではないかと推測される。

　1938 年 11 月に宝塚内鮮懇話会が組織されるが、この宝塚親向会が懇話会に引き継がれたものと推定される。同じ宝塚署管

内での組織であり、懇話会は発会後直ちに学齢前の幼児ばかりを集めた幼稚園を設立する計画を立てており、活動の継続性が伺えるからだ。

　宝塚懇話会は1938年11月18日宝塚第一小学校で450名の会員出席のもと創立総会を開き発会した。当時宝塚署管内の朝鮮人は400世帯1,300余名であった（『大阪朝日』1938.11.19阪神）。発会に先立つ同年10月、宝塚署は朝鮮人の「治安」と「思想善導」のための組織創立を計画するが、「創立を見る協和会は兵庫県内鮮協和会とは関係なく独立した協和会である」（『神戸』1938.10.19阪神）とされた。したがって会長は広畑宝塚警察署長であり、各地で誕生しつつあった協和会と同じ組織形態をとっているにもかかわらず、名称は宝塚懇話会となったようだ。

　発会後直ちに、学齢前の幼児ばかりを集めた幼稚園を設立する計画を立てるとともに（『大阪朝日』1938.11.27阪神）、会員の妻400名に対し国防婦人会への入会を斡旋し（『神戸』1938.12.2阪神）、翌39年2月初旬の時点で良元村だけで30名の入会者を得た（『神戸』1939.2.9阪神）。同年2月13日には第2回役員会を開き、朝鮮への一時帰国、犯罪防止、地位向上などについて協議した（『神戸』1939.2.14）。同年6月時点で会員900名、6班に分かれて活動しており、第一班（良元村四工場（武庫川改修工事の工事区間がその地域の通称になったもの）の380余名が所属）の班長金許俊は野菜盗難、密造酒、密賭博の防止に実行を挙げていると報道される（『神戸』1939.6.24阪神）。同年7月には500人が隊伍を組んで小浜村の川面神社に参拝した（『神戸』1939.7.7阪神）。

　1939年10月宝塚懇話会は兵庫県内鮮協和会宝塚支会に改組、20日宝塚キネマ館で初総会を開き支会長広畑宝塚署長、副支会長池上同警部補以下指導員21名を決定した（『大阪朝

日』1939.10.22 阪神）。

　なぜ、宝塚懇話会は設立時に名称を協和会とせず、兵庫県協和会には属さない組織とされたのか。協和会は、従来の融和団体などをそのまま引き継がないことを組織化の前提としていた。うがった見方をすれば、宝塚親向会の組織をそのまま受け継いだ形で協和会を名乗ることはできなかったとも考えられる。

●宝塚・伊子志の朝鮮人夜学

　戦前の在日朝鮮人の夜学には、運営主体や目的などからみていろいろのタイプがある。兵庫県だけをみても、1920 年代にはとにかく日本で働くためには日本語が必要であることから、各地で日本語を教える夜学が生まれた。30 年代には日本生まれで朝鮮語が分からない子弟のために朝鮮語を教える夜学も登場した。また 30 年代後半には、生徒数が増えすぎて日本の学校には入れない朝鮮人のための学校もできた。

　しかし、1939 年に宝塚の伊子志にできた朝鮮人夜学はどう位置づければいいのだろうか。この夜学の対象となっている生徒は、主に宝塚第一および良元の両国民学校に通う児童だという。つまり昼も夜も勉強しているわけで、それだけ向学心にあふれていたのか、あるいは他の強制力が働いたのか。ともあれ、「伊子志夜学校」をルポルタージュした新聞記事（『大阪毎日』1941.6.19 阪神）を中心に、この夜学をみていきたい。

　なお、伊子志は武庫川改修工事に由来する朝鮮人の集住地域。また、この新聞記事は「変貌する宝塚」シリーズ連載の一環（第

4　朝鮮人児童の教育

四章　街に道場あり）として取材されたもの。

　教室を提供したのは良元村伊子志四工場に住む金丸清氏（44）で、「半島同胞の内地化を促進するため部落の指導者である金丸さんが去る十四（1939）年七月に公会堂を新築して寄付」したものだという。"公会堂"とはいうものの、「東洋ベアリング武庫川工場表門の道路に沿うて五十余戸の部落がある中の一軒の家」ということから、私邸に毛が生えたようなものだったであろう。「会場の正面に"日の丸"の扁額を掲示し黒板には"ヨイコドモニナリマセウ"

新聞記事より－「学びの道にいそしむ伊子志夜学校の子供たち」

うれしい文字、壁には平仮名の五十音図と千人針の画、橿原神宮の写真」とあることから、教育の目的は自ずと分かる。

　授業の様子は、「室内に一年生から高等二年まで三十八名が仲良くならび前列に未就学の女児が姉さんたちに混じっておとなしく座っている。（中略）初等科四年の女児は読方巻七の"錦の御旗"、高二の男生徒は"望遠鏡"を読む。教壇の上に西南寺住職有井正随師が立っている」、「長閑な田舎の分教場を思い出すこの夜学校の庭には白い裳衣を着た母たちが夜の一ときを語り合」うといった具合だ。　有井住職のコメントの中に「二ヶ年の間、日曜のほかは毎晩七時から八時すぎまでかうして勉

強しているのです」とあるから授業時間は毎日1時間であったことがわかる。

　この"公会堂"は、日曜の昼などは部落の集会場となり、皇国臣民の誓詞などが朗誦されるという。また伊子志のこうした夜学活動は附近の中高松にも影響を及ぼし、そこでも夜学が新設されたことが同じ記事から分かる。

　この夜学は翌年の『大阪毎日』（1942.7.17 阪神）に、「夜も勉強ヨイコドモ／伊子志の半島少年少女たち」との見出しで取り上げられている。この時の生徒数は50余名で、先生は昼は東洋重工業働く姜任達氏と紹介されている。

　余談になるが、この記事とともに掲載された「夜学校で勉強する半島の子供たち」と題する写真が、前年のルポ記事の写真とまったく同じなのだ。おそらく同じ記者がズボラしたのであろう。ところで、写真の右端に座っている人は誰？。

　なお、東洋重工業は東洋紡績の機械関係の子会社数社が時局により1941年4月に合併してできた会社である。

　1943年、伊子志公会堂（現在の中央公民館）が竣工した。宝塚協和会伊子志班は、この竣工を契機に「公会堂を利用して無学者皆無と子女の情操昂揚を目指し、国民学校の先生を指導者とした夜学校を開設するこことなった」（『大阪毎日』1943.7.11 阪神）という。

　同記事では、「良元村中高松、伊子志の各班ではすでにこの種協和会館を学校としてささやかながらも錬成を続けてきた」として、先の夜学活動を紹介している。新たな夜学は「半島出身者の総合的な錬成」を目的とするもので、従来の夜学を強化し、「男子は毎週月、木、女子は水、土の午後七時から九時まで二時間、学科と体錬をみっちりたたき込む」ことになったという。

4　朝鮮人児童の教育

　その後の伊子志公会堂の夜学の実態について詳しいことは分からない。なお解放後の一時期、伊子志公会堂は朝鮮人の国語教習所として利用されたという。

5　民族と生活のための運動

●関西朝鮮人三一青年会

三一青年会の発足

　関西朝鮮人三一青年会は大阪でつくられた組織であるが、神戸とも深い関係を持つ。中心メンバーである李重煥が、神戸朝鮮労働同盟会の会長になるからだ。
　「大正十四年中ニ於ケル在留朝鮮人ノ状況」（警保局保安課）によれば三一青年会設立の経緯は、次のように記されている。
　「李重煥之ヲ主宰ス三一青年会ハ、大正十一（1922）年阪神地方在住基督教信者タル朝鮮人男女ヲ以テ組織セラレタルガ、創立後見ルヘキ行動ナカリシニ大正十三（1924）年ニ至リ神戸初等学校生徒李重煥主唱トナリ、新ニ本会の発会式ヲ挙行セリ」
　ここでは李重煥は神戸初等学校生徒として出てくるが、他の資料からみて関西学院神学部の学生だったであろう。1922年6月に関西学院神学部の李重煥が、日本人キリスト教信者らの援助を得て「同情会」を組織、朝鮮人労働者の勧誘、救済に乗り出したとの報道がある（『大阪毎日』1922.6.26）。この組織は、同じく関西学院神学部の学生であった羅枢健の帰国により、自然消滅状態となった推定される神戸労働済進会の復活を目指したものとされる。

この済進会は神戸で初めての本格的な朝鮮人労働団体であるが、羅枢健は初代会長の金永達の後を継いで会長になったもの。この「同情会」がその後どうなったのか不明である。また、李重煥が三一青年会と結びついた契機は、キリスト教活動によるものであることは容易に推測できるが、その詳しいいきさつについてはわからない。

三一青年会の性格

　いずれにせよ社会主義性向の三一青年会は、何月かは不明であるが 1924 年に再出発し、「爾来基督教ノ礼拝伝導ニ藉口シテ排日思想ノ宣伝ニ努メ、八月ニハ思想宣伝部ヲ設置シ思想ノ宣伝ニ努ムルコトモ決セリ。而シテ在阪社会主義木本正胤、佐藤藤一一派ト脈ヲ通ジ、或ハ左傾朝鮮人団体ト連合シ、朝鮮集会圧迫弾劾会ヲ開催スル等其ノ行動注目ニ値シタルガ、十月ニハ最高幹部会ニ於テ名実トモニ思想団体トシテ終始スヘキコトヲ申合セ、尚将来ハ祖国独立ノ目的ノ下ニ植民地解放運動ヲ開始スルニ至レリ」（「在留朝鮮人ノ状況」）とあるように、社会主義的な運動を開始した。

　三一青年会の綱領には「原始基督の生活を憧憬し、一切の富者、強者、権者を排して自由なる生活を営む」ことが挙げられていると報道されてる（『大阪朝日』1924.11.16）。この綱領について当局側は、キリストをだしにして現制度を覆す社会革命を画策していると警戒し、また会の名称についても、キリスト教の三位一体の思想から命名したと主張しているが、三一独立運動を記念した形跡があると疑っている（同上）。

植民地解放大講演会

　三一青年会の活動で注目されたのは「植民地解放大講演会」

の開催で、当時の新聞にも報道された。この講演会は日本労働総同盟、京都・大阪などの水平社などの支援のもと、当初は1924年11月中に神戸、大阪、京都の3地域で開催する予定であった（『朝鮮日報』1924.11.3）。

　神戸では11月14日午後6時半より、神戸市下山手のキリスト教青年会館で開催された。「聴衆は正服巡査も入れて約300名」で、李重煥会長をはじめ京都帝大、神戸高商、関西学院などに在学中の朝鮮人学生、その他10名がそれぞれ登壇して植民地解放運動について語ろうとしたが、「之に対する官憲の取り締まりは頗る厳重を極め、李会長の如きは開会の辞を述べた丈で検束され、其他も片つ端から中止を喰い、少し頑強な弁士は悉く検束されその数二十名に達した」（『大阪毎日』1924.11.15）という状況であった。

　大阪では12月11日午後6時半より天王寺公会堂で開催された。その状況を『朝鮮日報』は次のように報道した（1924.12.17）。「立錐の余地がないほど満員となった会場は、登壇する弁士の熱弁に興奮したが、警官のあいつぐ中止、検束に騒然となり、場内から飛び出したひとりの聴衆が警官の横暴に抗議したため、場内を警戒する警官200余名が警棒を振り回して解散を命じ10余名を検束するなど修羅場となり、聴衆が警官と衝突する事態となったが、司会の李重煥氏の必死のなだめでなんとか無事に退場した。天王寺公園に溢れた500余名の同胞は警察署にいき、検束者の釈放を交渉した結果、検束者は釈放され、群衆は解散した（要約）」。

　以上、神戸と大阪における講演会の開催状況を新聞記事で見た。ただ、京都での開催を報道した新聞記事は見つけることができなかった。

支部組織活動

三一青年会は1925年1月15日と16日の両日、天王寺公会堂で新年会を開催しているが、この頃が同会のもっとも活発な時期だったようだ。同年2月には「在日本朝鮮労働総同盟組織セラルルヤ他ノ在阪朝鮮人団体ト共ニ之ニ参加」したのをはじめ、支部の組織化も進展させ、2月16日には大阪市東成区中本町の個人宅で中道支部（常務執行委員＝李中冠、金致国、執行委員＝呉大漢他5人、方面委員＝金亭潤他5人）を結成、翌17日には北区中野町の個人宅で中野町支部（執行委員＝□敬□、文春利、金浩□、崔□浩）（□は不明字）を結成した（『朝鮮日報』1925.2.23）。

三一無産青年会への改称

3月1日には東区小橋元町の民衆社で革新総会を開催し、会を三一無産青年会に改称、新たな綱領および会則を定め、執行委員として李重煥、朴茫、金達桓、辛基天、金碩、辛載鎔、殷黒海、魚波の8名を選出した。

会を革新する理由として、「弱小民族解放運動団体としてこの間、いろいろな障害で進取の道を示し得ず、ようやく名前だけを維持してきたが、会員諸氏はこの会の有名無実さを切実に感じ、長らく考究してきた結果、会の事業をさらさらに拡充、拡張し、積極的に事業を実現するため」『朝鮮日報』1925.3.7）と報道されているが、この間の活動ぶりから見て決して有名無実化しているとは考えられない。いっそうの左翼的性向による圧力が働いたものと推測される。なお、三一無産青年会の綱領は次のとおり（同上）。

一、本会は合理的協力社会を実現する新人の教育と闘士の修練を図る。

一、本会は世界無産青年の組織的団体運動を期す。
一、本会はさらに我が朝鮮民衆の特殊な処地に鑑応し、新興階級の諸種運動を期す。

1925年2月の在日本朝鮮労働総同盟の結成にともない、同年3月29日に神戸朝鮮労働同盟会が設立され、三一無産青年会の李重煥が会長に就任した。しかし、その後の神戸朝鮮労働同盟会の活動の中で李重煥の名前は出てこない。

官憲資料によれば「其後李重煥ハ運動費調達ト称シ帰鮮シ、幹部又四散シタルヲ以テ行動目下ノ処見ルヘキ行動ナシ」（前掲「在留朝鮮人ノ状況」）と記されている。三一無産青年会の活動も、革新総会での改称以後の新聞報道もないことから、官憲資料の記述どおりであったと推測される。何かあっけない組織の終焉である。

● 阪神間の電灯料金値下運動

神戸の夜景は百万ドルいわれる。昭和20年代、この頃六甲山から見える神戸の電灯の数はおよそ496万個。その1ヶ月の電気代を当時のレートでドルに換算するとおよそ100万ドルになったことに由来するという。

ところで西暦の1920年代後半の阪神間の電灯料金はいくらぐらいであったろうか。この頃、全国的に電灯料金値下げ争議が頻発した。1927年以降のいわゆる昭和恐慌期には生活擁護のための市民闘争、即ち電灯争議、借家争議、ガス・水道料金など物価引き下げ運動などが全国的規模で展開された。電灯争

議は米騒動の時と同じ所、北陸の滑川町（なめりかわ）で27年11月に端を発し、28年に全国的に波及した。運動の担い手は当初は中小商工業者や青年層で、町内会や自治体が拠点となったが、1929年以降は無産政党や農民組合が中心となって運動が進められたという。

　兵庫県の場合、明石市、尼崎市、西宮市、神戸市、加古川町、豊岡町などで運動が展開された。神戸、阪神間の場合運動は、無産政党の指導のもとに一般市民によっておこなわれ、その他の地域は商工会を中心とする中小商工業者が運動の主導権をもち、地方自治体をも動かしておこなわれた。

　しかし、電灯料金値下期成同盟会の形で運動組織が結成されたため、借家人組合のような永続的闘争組織が成立せず、一時的なカンパニア組織で終わらざるを得ず、独占資本に打撃を与えるまでにはいたらなかった。（以上、奥田修三「昭和恐慌期の市民闘争－兵庫県における借家争議・電灯争議を中心として」、芳井研一「電気料金問題と地域社会」を参照）

　兵庫県の電灯争議のうち、朝鮮人が関係したのは阪神間の運動においてであった。

　兵庫県の運動は1928年8月尼崎市会議員有志6名が、当時阪神間に電力を供給する事業を行っていた阪神電鉄に対し値下げを要求したことに始まる。尼崎の社会民衆党は、市会の動きとは別にこの運動を大衆運動として応援するため、10月5日に電灯料金値下期成同盟会を組織した。これに呼応した朝鮮人団体が朝陽同志会である。

　朝陽同志会は阪神地区の左翼的朝鮮人運動団体として、1927年10月に小田村杭瀬（現尼崎市）で発足した。主要メンバーは李成執、崔浩俊、安泰云、洪小龍、李圭炳などで、1928年9月には日本労働党武庫支部とともに夙川堤の朝鮮人部落立ち退

5　民族と生活のための運動

き問題解決に尽力した。朝陽同志会は1928年12月の中央拡大委員会の決議にもとづき、電灯料金値下期成同盟に加盟する一方、阪神電鉄本社に値下げに関する決議文を交付することにした（『大阪朝日』1928.12.19）。

電灯料金値下期成同盟では、翌29年9月に同盟員（日本人）に対し電力供給がストップされたことに対し幹部が、「尼崎市の三千人が一斉に不払いを決行、値下げするまで一年が一年でも、ランプやガスで応戦する。さらに大庄村（現尼崎市）、小田村、尼崎市、精道村（現芦屋市）、御影町、魚崎町（いずれも現神戸市）の各市町村で演説会を開き、徹頭徹尾値下げ運動を邁進する」ことを決定した。また社会民衆党自体も「警察の傍観的態度」に抗議し、また尼崎、西宮、御影で住民大会を計画するなど積極的にこの運動に参加した（前掲奥田論文）。

ところで同年11月6日には、西宮の電灯料金値下期成同盟の会員である崔相羽ほか朝鮮人宅10戸に対し、電灯料金を4ヶ月滞納しているとの理由で、電気の供給が止められる事態が起こった。崔は社会民衆党の西宮市会議員らとともに電灯事務所などに押しかけて抗議したが埒があかず、結局、翌7日に1ヶ月分の料金を支払うことにより消灯問題は解決した。崔相羽は西宮の摂津ゴム会社の職工で、兵庫県朝鮮労働組合の有力メンバーでも

『大阪朝日新聞』1929.11.8,9 阪神

あった。

　この尼崎を中心とする電灯争議の結果はよくわからないが、翌30年にも阪神電鉄に対する電灯料金の値下げ陳情は、神戸市などで続けられた。

●北神商業学校事件

　「北神商業学校事件」とは、1939年神戸の北神商業学校夜間部の朝鮮人学生が留学生会を結成、朝鮮独立運動を企図したとして民族運動が初めて治安維持法違反に問われた事件である。その首謀者とされる裵祥権については、神戸地方裁判所の180余ページにわたる「朝鮮独立運動関係被告人裵祥権ニ対スル予審調書」がある。また事件全体については『昭和十五年中に於ける社会運動の状況』の「在神戸北神商業朝鮮人留学生会の策動」の項で比較的詳しく紹介されている。

　しかし、いずれも当事者の会話の内容などが仰々しく並べられている割には具体的な行動の立証性は乏しい。この時代、「些細な」言動でも治安維持法違反にひっかけることができたのであろう。

　北神商業学校および夜間部は、1928年4月葺合区（現中央区）に設立され、戦後幾多の経過を経て、現在は北区鈴蘭台にある神戸市立兵庫商業高等学校となっている。兵庫県では学校を舞台とした朝鮮人の治安維持法違反事件は少なく、北神商業学校が唯一の例でないかと思われる。それは神戸に朝鮮人学生が少なかったためであろう。

　1933年10月の朝鮮総督府による「在内地朝鮮人学生生徒調

5　民族と生活のための運動

査」(『調査月報』1934年1月)によれば、兵庫県には12校に37名の朝鮮人学生が在学しているが、東京の2,242名には比ぶべくもない。ただこの時点の調査では、北神商業学校の名前は出てこない。

　北神商業学校留学生会は1938年10月初旬に組織されたが、その前身として神戸在住の朝鮮人苦学生によって1936年8月に組織された神戸朝鮮人学友会を挙げなければならない

　神戸朝鮮人学友会は崔昌鉉、裵祥権、朴慶鎬らが発起となり、神戸市内の神戸二中、神港商業、県立商業、北神商業など各中学校に在籍している朝鮮人学生の相互親睦と学術向上を目的に組織されたもので、会員25名を得て1936年8月23日神戸市林田区(現長田区)の真陽小学校で創立大会を挙行したが、これは新聞にも大きく報道された(『神戸』1936.8.27)。

　大会は李章□(□は判読不明字)の司会で議事が進められ、会長＝崔昌鉉、副会長＝□□□、書記＝尹在煥、会計＝□大根、文芸部長＝裵祥権、文芸部員＝金在文、体育部長＝□学基、体育部員＝金台□の役員が選出された(『中央日報』1936.8.27)。このうち会長の崔昌鉉はこの時点で北神商業夜間部2年生であるが、文芸部長の裵祥権は、1931年に日本に渡航して各種労働に従事する傍ら「葺合商工実修学校を経て市立北神商業学校夜間部二年に編入され」1939年3月に同校を卒業したとされる(『社会運動の状況』1940)。

『神戸』1936.8.27夕刊の一部

火を吐く向學心　半島青年の誓ひ　神戸の苦學生が同志を糾合し組織された、學友會

荊路に立つつ若人の叫び

学友会が発足して間もない1936年8月、南朝鮮の風水害救援のため在神戸の朝鮮人各団体が集まって朝鮮水害救済会本部を設けたが、学友会も大和親睦会などとともにこの運動に参加し、ビラの配布などによる募金活動などを行った（『大阪朝日』1936.9.2阪神）。

　学友会は時々会合するのみで機関紙の発行もなく、1937年以降は有名無実になったとされるが、その人脈の一部は北神商業の留学生会に引き継がれた。

　北神商業学校留学生会は1938年10月初、葺合区脇浜の裵祥権実兄の裵元相方に崔昌鉉、文奎泳、朴永碩、李鐘晩ら北神商業学校朝鮮人学生14名が集まって結成、会長に裵祥権、文芸部長崔昌鉉、会計部長趙正奎、体育部長文奎泳をそれぞれ選出した。

　官憲資料ではこの留学生会を、「本会の真の目的とする処は、表面親睦を標榜するも、自己等学生が一般より率先して朝鮮独立に奔命する為、団結を強固にする」ための組織だと決めつけている。結成から翌年1939年2月に至る間に神戸市内で10数回の会合を持ち、同年2月26日には葺合区の権鳳文方で懇談会兼送別茶話会を開いた。

　こうした集まりの中で行われた朝鮮の独立を標榜した言動が、当局に察知されたのであろう。1939年3月に裵祥権、柳泰烈が、4月に文奎泳、9月朴永碩、10月崔昌鉉、11月趙正奎らがそれぞれ検挙され、1940年3月27日送検（文奎泳は4月18日送検）された。

　1940年6月14日、民族主義運動で初めて治安維持法を適用して関係者7名を起訴、12月26日に裵祥権に懲役3年を、趙正奎、崔昌鉉、文奎泳には「情状を鑑み」懲役2年執行猶予4年の判決が下された。

6　朝鮮人スラムと立ち退き

●西宮獅子ヶ口の朝鮮人の立ち退き

　西宮を流れる夙川上流の獅子ヶ口。ここの市有地にいつの頃からか朝鮮人が居住するようになった。その立ち退き問題が新聞沙汰になったのは1928年の8月。同月8日付の『神戸』に、「たびたびの市当局や警察署からの立ち退き命令にも応じないため、住民三十名を西宮署に召致し市吏員の立ち合いのうえ立ち退くよう説諭した」と報じられた。以後、この立ち退き問題が頻繁に新聞に取り上げられるようになる。

　獅子ヶ口は阪急神戸線の夙川駅からの支線、甲陽線の苦楽園駅の北側に位置する。今でこそ甲陽園付近は高級住宅街であるが、大正期に入るまでは山林地域であった。1924年の甲陽線開通によって、この地域の開発がさらに促進された。

　問題の獅子ヶ口の朝鮮人も、「彼等は手当たり次第に立木を伐採し建築用材とするほか、燃料にまでこれを用いる」(『神戸』1928.8.11) と報道されているように、市街地というよりは林野地帯に掘っ立て小屋をつくって居住していたようだ。その数はおよそ40戸、住民は150～160名に及んだという（後の報道ではこれより若干少ない）。おそらく最初は数戸であったのが次第に増えたため、西宮市もほっておけなくなって先の新

聞記事の状況になったものと推測される。

　市当局が示した猶予期間は30日。しかし住民は「市有地を無断占有したのがそもそもいけないとしても、それぞれ妻子を持つ身の今急に何の詮術もなく、殆ど途方に暮れつつ、せめて半年か一年の猶予を与えられたいと懇願」していると報じられた（『神戸』1928.8.9）。

　9月に入り、西宮署は朝鮮人代表者20余名を召致して立ち退きを勧説、代表は3日に立ち退き期日を回答することで引き取った（『又新』1928.9.2）。しかし、朝鮮人側がこの立ち退き問題を日本労農党（日労党）に訴えたようで、以後、交渉に日労党武庫支部が前面に出てくることによって、それまでの朝鮮人「不法占拠」立ち退き問題とは若干異なる様相を帯びる。

　『神戸』1928年9月11日付は、立ち退き問題を一任された日労党武庫支部の笠島末吉、崔浩俊が、朝鮮人代表2名とともに西宮市役所を訪問、神戸土木課長その他列席で市役所当局の意向、方針を問いただしたと報じているが、獅子ヶ口の朝鮮人と日労党の結びつきの背景には崔浩俊の活動があったものと推測される。

　先の新聞記事で崔浩俊は日労党のメンバーとされているが、そのように報道されるほど同党とは深い関係にあったようだ。彼は1927年5月から6月にかけて闘われた尼崎の乾鉄線争議で解雇された人物であるが、この乾鉄線争議は日本労働総同盟から分裂した中間派の日本組合同盟傘下の組合によるものであった。その後崔浩俊は阪神間在住朝鮮人による労働運動団体である朝陽同志会の設立（1928年1月）に関わり、この朝陽同志会は1929年1月に組織された兵庫県朝鮮労働組合に統合される。

　ところで日労党は、1926年12月に日本労働総同盟と日本農

民組合の中間派によって結成されたもので、この日本労働総同盟の分裂の余波を受けて組織されたのが日本組合同盟である。さらに日労党は、1928年12月に諸派7党を合同して日本大衆党へと発展する。獅子ヶ口の朝鮮人立ち退き問題にあたっては、同党の河上丈太郎代議士などが交渉の前面に立つが、同氏は1930年の普選第2回総選挙に日本大衆党から立候補し、折から認められた朝鮮文字での投票に呼応して朝鮮文字の立て看板などでアピールするなど、朝鮮人と積極的に関係を構築しようとした。

　日労党の主な交渉相手は、立ち退きを実力行使する立場にある西宮署だった。すなわち、9月11日には日労党の笠島末吉、朝陽同志会の崔浩俊両氏が西宮署の矢野所長を訪問し、同18日に立ち退きについての回答を約束(『大阪朝日』1928.9.12)、同12日には河上丈太郎代議士が西宮署を訪問、事件の内容を係官より聴取したのち現場に出張し実情を視察(『神戸』1929.9.13)、先に回答を約束した18日には河上代議士と藤岡文六氏が西宮署長と会見し、回答を25日まで延期してほしいと要請(『大阪朝日』1929.9.19)、さらに同26日には、崔浩俊が西宮署に出頭し回答延期を陳情した(『又新』1928.9.27)。

　『大阪朝日』1928年10月5日付は、「阪神沿線夙川堤に根を張った朝鮮部落／立ち退き問題に対する各方面の意見」との見出しで、県特高課、県建築課、日労党支部の3者の談話を取り上げている。これによると県特高課は、市の公有地を無断で使用することはほっておけないが、生活の問題であるだけに軽々しくは取り扱われないと建前を述べたうえで、「市はもちろん夙川付近の一般住民からもいろいろ苦情が出ているし、殊に御大典(天皇即位の奉祝事業)前で十分な取締りを講ずる必要あるをりから実は大いに持てあましている」と本音をもらしている。

一方日労党支部は、公有地に無断で建物を建築したことはいけないが、こうなるまで棄て置いた側にも責任があるとして、「人の住居という生活上の問題、失業の問題、日鮮融和という社会問題を考慮しなければならない」と問題の社会性を強調し、「しばらく形成を見て徐ろに解決したい」と構えている。

　なお、県社会課は「夙川は十月一日から市街地建築法が実施された。単に建物についていえば同法施行以前から建っているものに対しては取り壊しなどはできない」が、夙川の朝鮮人の建物は「恐らく独立した家とは認められる程度のものではあるまい」したうえで、まだ建築物法の問題になっていないと、少し的外れな談話を発表している。

　このように立ち退きが社会問題化したため、県社会課が問題解決に乗り出す一方、西宮市は土地の管理者としてこの問題から手を引くことを表明した（『大阪朝日』1928.10.14）。

　以後、しばらく膠着状態が続いたようで、事態が動き出したのは 12 月に入ってからであった。12 月 18 日に河上代議士が井上警察部長を訪問、「同部落の鮮人を職業別その他により三区に大別し、その使用者側に交渉して失業せしめない方法を講じたり、彼等の住居生活になるべく脅威を与えない穏和な方法を講じて円満に立ち退きを完了せしめる計画」などを協議し、警察当局の方針を聞いた（『大阪朝日』1928.12.20）。

　12 月 30 日所轄西宮署及び県当局は、住居問題だけでなく生活問題も同時に解決しうる一つの成案を提示、これを年末から年始にかけて実行することになったと報道された（『神戸』1928.12.30）。その内容は「現在戸数二十六戸、世帯持のもの及びその家族八十二名、独身五十四名、合計百三十六名中、取敢ず年内に独身者を県、神戸市等の斡旋に依り、三菱の仲仕その他に就職せしめ、飯場に寄宿せしめる一方、世帯持のものは新

春早々神戸市内の諸会社に就職方を尽力し社宅なり適当の住宅なりを借りて住まわせる」というものであった。

　この案に対して朝鮮人側は「大体満足感謝している」とされ、事態は解決に向かうことになる。ただ、独身者50名を神戸に移す案を実行するについては、独身者の止宿で生計を立てている11戸から下宿人がいなくなると生計が成り立たないとの苦情が出るなどの問題もあったが(『大阪朝日』1929.1.12)、1月12日払暁5時を期して本部の青木特高課警部、柏井西宮署警部ら10数名の警官が出動、任意同行の形で住民を本署に連行して移転解決を急いだ(『神戸』1929.1.13夕)。

　この任意同行は、居住者135名のうち女子供を除いた82名（独身者53名、世帯主29名）に対して行われたもので、理由は「三菱に就職口を探し生活の途をたててやり立退を勧めるも実行せず、中には立退理由がよく判らず、また他に迷わざるものもあるので最後の反省を求め」るためであったという(『大阪朝日』1929.1.13)。

　こうした強硬措置の結果13日夜から14日中に全戸29戸中28戸まで立ち退き(『又新』1929.1.15)、さらに16日までには全部立ち退きを終了し小屋も取り払った(『大阪朝日』1929.1.18)。最後に不具者が1名だけ部落に取り残されていたが、2月6日に西宮署が郷里である慶尚南道晋州に保護送還したため、獅子ヶ口の朝鮮人部落立ち退き問題はすべて解決した(『大阪朝日』1929.2.7)。

神戸・高架下のスラム

神戸の鉄道高架下工事

　戦前の神戸市内を走るＪＲの高架は、灘駅東端より鷹取駅に至る約 11 km。当時はもちろんＪＲではなく、鉄道省の管轄だったから省線といった。この高架工事は複々線の複線を第 1 期工事、残りの複線を第 2 期工事とし、第 1 期工事は 1926 年から 1931 年にかけて本格的な工事が行われ、第 2 期工事は 1934 年から 1939 年にかけて行われた。高架はすべてが鉄筋コンクリート製の柱によるものではなく、築堤式のものも 3 kmほどある。

　この高架工事によって神戸、三ノ宮、兵庫、鷹取の各駅が高架化された。神戸、兵庫、鷹取駅は元の位置であったが、三ノ宮駅は都市計画により従来より東寄りに移動した。これら駅舎の高架化工事のうち、神戸駅と三ノ宮駅ではしばしば事故が起こっていた。とりわけ神戸駅では 1930 年 2 月に建築中のプラットホームが墜落して 2 名が即死、7 名が重軽傷を負うという惨事が起こり、朝鮮人労働者が犠牲となった。

　こうした多くの朝鮮人労働者が働いた高架工事は、順次完成して 1931 年 10 月に初めて高架に電車が通った。第 1 期工事の完了であるが、これより先、完成した高架下は雨露をしのげる格好のスペースとして、最初に朝鮮人が住みついた。場所は長田の菅原通り。これが大きな社会問題となった。

　結果的には強制退去されるが、以後高架下は、今でいうホームレスの格好のすみかとなり、退去を強制する当局とのいたちごっことなった。ただ、同じホームレスでも朝鮮人の場合は日本人と事情は少し異なる。貧しかった点では日本人ホームレス

と同じであるが、朝鮮人の場合は日本人家主が家を貸してくれないという住宅差別があったからである。

　参考までに公的な高架下の利用については、1933年4月神戸市の地方委員会で次のように最終決定されている。

「三ノ宮神戸駅間は公道とする予定を改めて店舗として利用することとなり、（中略）神戸駅以西及び三ノ宮駅以東の店舗、倉庫、住宅等は付近の環境を考慮したうえで施設することとし、（中略）高架線下の一部を割いて、春日野、生田川、県庁下、三川口、菅原通各付近には、児童遊園地を施設することにした」（神戸駅『神戸駅史』）

朝鮮人に対する住宅差別

　では朝鮮人に対する住宅差別とはどのようなものだったのか。

　神戸市社会課は1926年に市内在住の朝鮮人に関する調査を行い、翌27年に『在神半島民族の現状』をまとめた。これは報告者の主観もまじえた「饒舌」な報告で、その分、数字の分析だけの報告とは異なり、非常に面白く読める。この報告の中で家主が朝鮮人に家を貸さない問題に触れ、「朝鮮人に家を貸すことを嫌ふのは、総ての家主に共通した鉄条網であった。理論を超越して只もう朝鮮人に家を貸すなの、一点張りに向ふ見ずに押して来るんだから、何とも全く手がつけられない」と、神戸市の職員すら嘆かせる状況が報告されている。

　このように1926年当時、すでに朝鮮人に家を貸さない風潮は一般化していた。このことからして、割と早い時期から朝鮮人に家を貸さない風潮があったことがうかがえる。ただ、いつ頃からそうなったのかははっきりしない。

　ちなみに朝鮮人の借家紛議ついてみてみると、「大正十三年

大阪市において発生したるを嚆矢とし、同年はわずかに三件にすぎざりしが、本年（1925年）は稍々増加したる観あり」（警保局保安課『大正十四年中ニ於ケル在留朝鮮人ノ状況』）となっている。1924年以前にも借家をめぐるトラブルが新聞などで報道されていることから、初めての借家紛議が1924年というのは疑問であるが、1925年以前はそれほど借家紛議は多くなかったことは事実であろう。この借家紛議に先行する形で、家主が朝鮮人に家を貸さない風潮があったと考えられる。

この官憲資料では、日本人家主が朝鮮人に家を貸さない理由として、根本的には朝鮮人の経済的窮乏に起因するとしたうえで、生活逼迫のため家賃を支払わない者が多い、多数雑居して騒ぎ近隣の反感を買うことが多い、生活が無節操で家屋を汚損するなどを挙げている。そして、こうした家主の傾向の逆手をとって、日本人名義を詐称して賃貸契約を結び、家屋の明け渡しを求められると不当な立ち退き料を要求することがしばしばあり、これが借家紛議の要因になっていると指摘している。

1929年の朝鮮人の借家紛議は、全国で2,517件であった。そのうち兵庫県は148件で、その内訳は立ち退き56件、居座り12件、未解決80件である。兵庫県の借家紛議は1933年が最も多く、611件であった。（各年度の『社会運動の状況』）

菅原通りの高架下の朝鮮人

当時半分ほど完成した高架下に住む朝鮮人が、初めて新聞に報道されたのは1930年4月であった。「神戸市菅原通り四丁目から七丁目の高架下に、不景気風に追い立てられた失業土工鮮人が、いつの頃からか無届けで居を構へ障子畳等まで持ち込んで半永久的な設備まで為している」（『神戸』1930.4.1）というもので、この地区だけで15家族65名が、電灯はもとより水道、

便所の設備もないところに住みつき、水は付近の共同水道や井戸を使用し、用便の始末も悪いので林田署は頭を痛めているという。また高架の工事を担当している鉄道省の神戸改良事務所では、これは決して貸しているのではなく、工事も完成していないところで危険もあるから立ち退かさなければならないとコメントしている。

　日時は不明であるが、実際に立ち退き命令が出されたようだ。6月18日朝鮮人約60名が神戸市社会課に押し寄せ、立ち退きを命じられても行き先がないから何とか考えてほしいと陳情した。

　7月に入るとさらに高架下の住民は増え、「菅原通五、六丁目を通し三十三戸人口百五十、六十名に達」した（『神戸』1930.7.26）。付近の住民は、水道を独占されたり、便所の設備がないのは時節柄伝染病の懸念もあるとして、鉄道省や神戸市役所に退去命令を出すよう嘆願した。そしてついに8月には菅原通町民大会を開き、追い払いを相談するまでになる。新聞には次のように報道されている（『大阪毎日』1930.8.17阪神）。

　「最近これ等鮮人がところ嫌はず放尿したり朝夕真っぱだかで往来し、焚火はたきっぱなし、近隣の水道の水を無断使用するなど保安、衛生上目に余ることが甚だしくなったので菅原通衛生組合長山根友一氏が改良事務所に対して検分方を依頼したところ、同所長が現場を視察し聞きしに勝る不衛生的なのにびっくりし、一時に追払へば社会問題を起こしそうなので同衛生組合に対し本省の指揮を得決定次第追払に着手すると回答したが、同組合では近く町民大会を開催して対策を講じ市役所社会課および改良事務所に陳情に赴き、直ちに追払ひが出来ないならば衛生的な設備をしてもっと人道的な待遇でもしてやってほしいといっている」

しかし、その後も高架下の朝鮮人は増え続け、9月には85世帯350人になる。彼らは日雇い労働者、飴売り、その他の有職者で失業者はほとんどいないが、家主が家を貸さないので、高架下にどんどん密集してきたと報道されている（『神戸』1930.9.21）。

　こうした事態に方面委員林田分会も斡旋に乗り出し、「（鉄道省は）名目さえつけば若干の金を出さぬこともない模様だから、県、市の援助を得て然るべき方法を考えたい」と意欲を見せる。しかし方面委員も、具体的には、住居を持っている朝鮮人のところに、1、2世帯ずつ同居させ、分散させる以外に方法はないという（同上）。

　こうした高架下の住人のエピソードとして、高架下の「村長」の話が紹介されている（『神戸』1930.10.4夕）。慶尚北道大邱出身の全達玄という人で、故郷では金持ちの名望家で弁護士をしていたが、詐欺事件に連座して取り調べられた。そのため、故郷にいたたまれなくなって、1928年に家財をまとめて家族とともに日本へ来たが、家を貸してくれないので高架下に居住するようになった。その間長男を同志社大学に、長女および次女を同志社女学校に入学させたが、次女はその後女学校を中退し、市営バスの車掌をしているという。全達玄は高架下の住民の信望が厚いとされ、おそらく先頭に立って市当局などと掛け合ったのではないかと推測される。

　強制立ち退きを前に、「こんなとろこに居宅を構えて悪いとは考えなかったのか」という新聞記者のインタビューに対し、住民の一人は次のように答えている。

　「内地人は我々に借家をさしてくれない。トニカク寝るためにここに陣取り始めた頃、鉄道省は何事も語らず黙認してくれた。警察も何もいわなかった。それを今頃になって出て行けと

強要するのは、我々に死ねと命令するのと同一である」(『又新』1930.10.4)

　10月4日、強制立ち退きの執行が行われた。10月2日の予定が、雨で順延されたのだ。林田署が署長以下非番全員を召集して警戒するなかで、鉄道改良事務所の局員が人夫たちを指揮して、板やトタンを集めて作ったかりそめの住居を壊していった。この時点で高架下の朝鮮人は、さらに155世帯、354名に増えていた。ただ、比較的裕福なものは強制立ち退きの2、3日前に、明石や西灘方面に移住したという。この強制立ち退きの情景は、次のように伝えられている。

　「行くあてでもない朝鮮人たちは悄然としながら、家財道具を道路に投げ出す。約二丁の高架線沿道は彼らの鍋、釜あるいは破れた寝具で埋まり、汚れたチマの朝鮮人女が、道に敷いたアンペラのうえで添え乳しているなど、追われ行く者の嘆きを如実に、見るほどの者を哀愁に誘った」(『神戸』1930.10.5夕)

　方面委員は、朝鮮人全員に食券を交付して昼食の炊き出しをする一方、居住を定めた朝鮮人に対しては戸主に15円、一人あたり1円の割で交付した。こうして正午頃には大半はこれといった問題もなく立ち退きをすませた。ただ、高架下の住民でない朝鮮人金寶三ほか1名が、立ち退く朝鮮人に対して扇動的な行為をしたということで、林田署に検束された。また強制立ち退きの前日、無産政党である全国大衆党の市議が、市の尽力でバラックでも建設して保護するよう市当局に陳情した(『神戸』1930.10.4)。

継続する高架下スラム問題

　高架下のスラムの問題は、これで終わったのではなかった。

高架下にはいぜん多くのホームレスが住みつき、1933年2月の調査では、葺合署、三宮署、相生橋署、兵庫署管内あわせて81世帯、111人が住んでいた。以前の高架下のスラムの問題は、菅原通り付近に集中していたのに対し広範囲に分散していること、それから住民は朝鮮人より日本人の方が多いのが特徴である。さらに1934年に入ると三宮駅から兵庫駅に至る高架下に、約600名が住みつき、その数はさらに増える傾向にあると報道されている（『神戸』1934.1.19）。

彼らは強制立ち退きされるが、たとえば相生橋署でバラックを焼き払って強制立ち退きさせると、その日の内に三宮署管内の高架下に流れ込むといったいたちごっこが繰り返えされた。

また、1934年から第2期の複々線工事に入ると、各地の高架下住民が追い出しをくった。なかでも葺合区（現中央区）の国香通1丁目から神若通4丁目に至る高架下バラックには、朝鮮人90家族800人住んでいたが、1935年2月、工事のために立ち退きさせられた。この800名の朝鮮人は代表をたて2月16日、兵庫県社会課に住むことのできる空き地を探してほしいと陳情したが（『又新』1935.2.17）、その結果については新聞報道がなく、明らかではない。

●尼崎の朝鮮人立ち退き問題

1932年1月14日午後1時半頃、尼崎市開明町の朝鮮長屋と呼ばれる一帯から火が出て、朝鮮人58世帯248名が焼け出された。この火災は比較的規模が大きかったことと、家主から立ち退きを要求された被災朝鮮人が居住権を主張してこれを拒否

したことから、新聞各紙にその経過が報道された。日本の新聞だけでなく、朝鮮の『中央日報』などでもこの火災は大きく取り上げられ、「神戸同胞惨状訪問記」と題するルポ記事も3回にわたって連載された（1.28,2.6,2.7）。事実経過そのものについては、罹災者数について日本の新聞が区長調査によるとする250名説をとるのに対し、『中央日報』では一貫して350名説をとっていること以外は、日本の新聞と『中央日報』の記事に大きな違いはない。しかしながら、中立的な立場を建前とする日本の報道と一貫して被災朝鮮人の立場に立つ『中央日報』の報道とでは、とりわけ立ち退き問題をみる角度は大きく異なる。

× × × ×

尼崎市開明町は阪神尼崎駅の南側に位置する。この地区になぜ多くの朝鮮人が居住するようになったのかはよく分からないが、典型的な戦前の朝鮮人部落だといえそうだ。火災の原因は不明であるが、一説にある朝鮮人の火の不始末だとの報道もある。「火の廻りが早かったのと道路が狭くて雑踏したため家財を持ち出し得ず命からがら避難したものが多く」（『大阪朝日』1932.1.15）と報道されているが、『中央日報』（1932.1.18）ではさらに、昼間の火事で男たちはみんな働きに出ていたことを挙げ、罹災朝鮮人は「雪がちらつくなかで寒さとひもじさに震えている」と着の身着のままでの罹災状況を報道している。

市当局は罹災朝鮮人の救済方法を協議した結果、罹災救護法に基づいて救済することになり、開明町にある中馬代議士邸の庭先にテントを張って罹災者を収容し、当分炊き出しが行われることになった。中馬病院の経営者でもある中馬興丸氏は「朝鮮同胞の向上発展に平素から努力している」と報道されているように（『大阪朝日』同上）、医師として朝鮮人との接触も多く、信望は厚かったといわれる。1930年の衆議院選挙の時に

は憲政会から立候補し、朝鮮人の融和団体である内鮮同愛会がこれを応援した。中馬病院は現在も開明町にある。

　罹災朝鮮人はその後男子部と女子部に分かれ、女子部と幼児は市民館の1間部屋に、男子部は市立第三尋常小学校校庭に天幕張りバラックを建てて収容された。『中央日報』のルポ記事では、狭い市民館の部屋に140余の婦女子を収容することは非衛生的で非人間的生活を強いることであり、零下8度の校庭で十分な寝具もなく野宿する様子は見るに忍びないと報道されている。病人も続出し、45人が中馬病院の好意で病院に移された。さらに罹災朝鮮人350名の生活費は1日平均30円未満で、これを一人あたりにすると1食3銭にしかならない。男たちはほとんどが自由労働者であるが、このような野宿生活で充分にシャベルやツルハシがふるえるだろうかと、その生活の困窮ぶりを報じている。

　　　　　×　　×　　×　　×

　火災になった朝鮮長屋の家主の小森貞次郎は、これを機会に朝鮮人に立ち退きを迫った。『中央日報』のルポ記事によると、火災の1年前から小森は家の修理要請に応じなかったり、家賃を受け取らず移住を強要するなどの対応をしていたという。したがって小森は、この火災は朝鮮人追い出しのいい機会だと捉えたようだ。尼崎市当局もこれに同調し「従来余り非衛生的のためにこの際彼らを各所に離散せしむる方法」を考究し、「救済金を一家族三人と見て五十円を支給することとし一人を増すごとに十円を支給するするというように分配する手はず」をとった（『神戸』1932.1.22）。なお罹災救助金は「県より千五百円（最高見積額）と尼崎市当局よりの支出額及び家主小森貞次郎氏より千円を投げ出しているので約二千五百余円」（同上）に達していたという。

これに対して朝鮮人たちは「焼け跡に帰り団結して家主小森氏に一萬円、家屋管理人宇仁貫次氏に三千円の支給を要求し、現在の焼け跡に速かに家屋を建築せよと迫り、居住権を主張して四散する模様がない」(『神戸』1932.1.22) という。同じ日の『大阪朝日』は、朝鮮人は「金は要らないから家を与えよと要求した」と報道した。

　『中央日報』のルポ記事は、尼崎市当局の移住先選定における迷走ぶりを次のように報じている。「市外地の塵埃焼却場の横の 70 余坪の土地を利用しようとしたが罹災民の絶対反対にあい、尼崎停車場の市所有地を指定しようとしたが、そこは遊園地に近く朝鮮人の居住を許すと市の体面にかかわるとして中止し」、結局罹災救助金の分配で朝鮮人を散在させようとしたという。そして、このような家主や市当局の移住策動を知った朝鮮人たちは、「歩調を同じくした団結で臨み、町内に家をつくること以外は絶対反対の意志を示し、焼け跡でのバラック生活もいとわない」との姿勢を見せていると報道されている。

　なぜ、朝鮮人は元いた場所での家屋再建にこだわるのか。そこには在日朝鮮人に対する厳しい借家差別の現実があることを、『中央日報』の記事では強調している。実際、当時の在日朝鮮人の生活における大きな不安要素は、甚だしい就職差別と住宅差別であった。

　　　　　　　×　　　×　　　×　　　×

　日本の新聞記事にはまったく報道されなかった事実が、『中央日報』のルポ記事によって明らかにされる。それは、他の朝鮮人団体などによる罹災朝鮮人の支援活動である。

　火災の直後から、「ここ (尼崎) に本部を置く阪神消費組合では組合長の金敬中以下全員の総動員で救済策を考究するとともに、救済金募集に忙しい」(『中央日報』1932.1.18) と報道さ

れた。阪神消費組合は 1930 年に設立された左翼系の朝鮮人消費組合、すなわち生活協同組合で、1932 年当時の組合員数は 120 世帯。関西にいくつかあった朝鮮人消費組合のなかでもっとも活発な活動を行っていた。

同紙ルポ記事では阪神消費組合は、現金 100 円と白米 10 表を送るとともに、救護班を組織して各町を巡回訪問したという。遠くは京都人類愛善会が衣服 3000 余着を自動車で運んできて罹災朝鮮人に手渡したという。また、神戸の英国人宣教会が 50 余円の金銭を送り、神戸基督教会幼年日曜学校からは、幼い子供たちが菓子一袋でも買って分けてほしいと毎日曜ごとに 1、2 銭ずつ出し合って集めた 5 円を送ったという話が紹介されている。この幼年日曜学校では、教師の文宗洙、崔時豊、秋秉烈の 3 教員が園児とともに家々を訪問したとのことだが、ここに登場する崔時豊は 1933 年に設立された神戸朝鮮人消費組合の有力メンバーであり、1937 年には神戸市会議員選挙に立候補して落選した。

×　　×　　×　　×

1 月 22 日夜、朝鮮人代表と家主小森氏が徹夜で折衝した結果、家主が朝鮮人に対し焼け跡横の倉庫を 1 か月間無料で貸し与えることになり、救済金として市から前案通り 1 家族（3 人とみなして）50 円を支給、1 人増すごとに 10 円ずつ支給することで解決した（『神戸』1932.1.24）。これによって 37 家族は四散し、28 家族は 62 坪の倉庫に移ることになった。しかし、倉庫を使用している宇仁広太郎がこれを拒んだため、憤慨した朝鮮人たちが宇仁宅を襲うなどの行動に出たため、尼崎署特高係が調停に立って宇仁が同倉庫を明け渡し、2 か月に限って 28 家族がここに落ち着くことになった（『又新』1932.1.30）。

倉庫の貸与期間が 1 か月なのか 2 か月なのか。新聞によって

報道が異なっているが、「居住権」を強硬に主張していた罹災朝鮮人が、一転して立ち退きに応じた背景を、日本の新聞からはうかがうことができない。また、『中央日報』のルポ記事も問題の解決には触れていない。

● 神戸・新川スラムの大火

　神戸の新川は、賀川豊彦の自伝的小説『死線を越えて』がベストセラーになったことで日本のみならず世界的にも有名である。賀川が最初に新川スラムに入ったのは1909年。その昔、新川は神戸の東端にあたる郊外といってもいい地域だったとされ、その関係から屠殺場が設けられたという。明治以降神戸は急速に発展するが、それにともないこの地域はスラム化した。

　賀川は新川スラムで路傍伝道を開始する一方、1911年には神戸神学校を卒業して一膳飯屋を開業するなどの活動をするが、1914年渡米してプリンストン大学・プリンストン神学校で学んだ。彼が帰国して再びスラムに入り無料巡回診療を行ったのは1917年。ちょうど第一次世界大戦による好景気の時期にあたるが、朝鮮人の日本への本格的な渡航が始まったのもこの頃である。

　新川とは新生田川の略称で、もともと生田川はフラワーロードあたりを流れる天井川であった。明治の初め、神戸の開港とともに外国人居留地の整備も進められたが、生田川に災害が起こると外国人居留地に大きな被害が及ぶことが予想されたため、付け替え工事が行われることになり、工事は1871年に完成した。付け替えにより生まれた川が新生田川で、旧生田川の

河川敷は工事を行った加納宗七に払い下げられ、その名残が「加納町」の地名として残っている。

　賀川が最初に入ったころの新川スラムは、「新川に住みつく者の生活水準は最低というよりどん底であり、彼らにとっては新川ほど住みやすいところはなかった」（雨宮栄一『貧しい人々と賀川豊彦』）といわれるところであった。さらに前掲書によれば、新川スラムの生活状態は、一膳飯屋が多く隅々に酒屋があって、おもて見にはそれほどひどい街には見えなかったが、路地に入ると酷い住宅ばかり。住宅は棟割長屋で奥行きが3間、長さが10間とか30間で、奥行き3間の真ん中に壁を入れて表と裏に仕切り、さらに長さ方向は1間ずつ壁で仕切るので1軒家の総面積は1坪半、当然トイレは共同であると描写されている。

　こうした新川スラムに朝鮮人が住みつくようになった経緯について言及した資料は見あたらない。しかし、当時の朝鮮人に対する差別やそれから派生する住宅事情などから、おおよそは想像がつく。1930年代には「朝鮮人街」と呼ばれる地域が生じるほど、数多くの朝鮮人が住みついていたようだ。

　　　　　×　　　×　　　×　　　×

　この地区に大きな火災が発生したのは1935年3月8日。その模様を『大阪朝日』（1935.3.9 神戸）は次のように報道している。少し長くなるが、ほぼ全文の引用である。

　「八日の昼ご飯時を驚かした神戸葺合区北本町六丁目の朝鮮人街大火に集まった群衆は無慮二千余、何しろ表通りを除く家屋は乾ききった木造建てとて憎いほどよく燃える。警察官、消防手、青年団、在郷軍人会員諸君の努力はひと通りでない。足腰立たぬ鮮人老婆を火中から助けたり、逃げ場を失った幼童を危険な箇所から安全な場所に運ぶなど、ここかしこに日鮮融和

の美談が生まれる。腕に微傷を負ふた消防団員もいる。発見者の話によるとバリバリという異様な音に気がついた時、頭の上に火が来ていたといふからその混雑、騒音は予想以上だった。午後一時半、火事がすんで生田川遊歩道の避難所には約二百五十人の罹災者が蝟集し、火防組合の役員宅から運ばれてくる握り飯を待っている。焼出された内鮮児童達はさっきの泣顔はどこへやら一つ所に集まって仲良く遊んでいる。彼ら気の毒な罹災者には早くも県市方面委員会の温かい救済の手がのばされ、家のない者には宿所を、教科書を失った学童には本をというやうにいろいろ善後策が講ぜられている」

　葺合区は現在の中央区で、北元町六丁目は国道二号線のすぐ南側、生田川のすぐ東側に位置する。記事中に「生田川遊歩道の避難所」と出てくるが、この当時生田川は暗渠になっており、川の上に道路や公園が整備されていた。要するに罹災民は暗渠の川の上に避難したのである。昭和に入ると神戸市は、市街地の交通機能改良などの目的で鯉川や宇治川など各地で河川の暗渠化を進めていた。しかし1938年の阪神大水害の際、この暗渠の入り口に巨岩や材木が引っかかり大災害を招いたとの教訓から暗渠は撤去された。

　火災の罹災者の数は『又新』（1935.3.9）の記事によると、家屋57戸、世帯数64の300余人になっているが、『中央日報』（1935.3.14夕）ではもう少し詳しく、朝鮮人16戸102人、日本人46戸276人と報道されている。罹災民は「同町自活寮（『中央』では青年自治会館）に収容して一時仮泊をせしめ行く行くは最近完成する新川第二アパートに収容することになった」と報道される一方、「焼け跡については、従来の不良住宅を一掃して新川第三アパートを建設する計画が進められている」（前掲『又新』）という。火災の翌日にすでにアパート建設計画が

語られているのは、かなり以前から新川の不良住宅の改良事業が進められていたことを物語るものであろう。

　前掲『中央日報』は、日本人の各組織の救援活動と合わせて、神戸の朝鮮人有志による各社会団体が救援会を組織したと報じている。各社会団体として挙げられているのは合同消組、朝鮮人消組、槿友会、ウリ協親会、昌□□（２字不明）の５団体。これらの社会団体はどういう団体であったのか。

　合同消組は神戸合同消費組合、朝鮮人消組は神戸朝鮮人消費組合のことで、消費組合とは今でいう生活協同組合である。このうち神戸合同消費組合は、左翼的上部団体の傘下にある消費組合が幾つか統合して1933年に設立された。賀川豊彦が提唱した灘購買組合（現在のコープこうべ）などとは、強い政治性という点で一線を画する。ただ、1930年代半ば以降は左翼運動の弾圧などによって、これら消費組合運動も衰退していく。ウリ協親会は左翼的傾向のある民族主義団体で、槿友会とともに前記消費組合とも強い結びつきがあった。これらの民族団体は、1936年の南朝鮮大水害救援活動が契機となって、1937年１月に兵庫県朝鮮人団体連合会を組織した。

　　　　　　×　　　×　　　×　　　×

　火災のあった北本町とは国道二号線を挟んで反対側の吾妻通に、賀川記念館がある。私がこの記念館の存在を知ったのは、韓国からのお客さんがぜひ行きたいというので案内したことがきっかけだった。韓国のキリスト教関係のお客さんだったが、神戸に住んでいながら私は記念館の存在をこの時初めて知った。賀川豊彦が韓国でも有名であることに驚いた記憶がある。もうかなり昔のことだ。

　このときの記念館は、こぢんまりした建物だったとの記憶があるが、現在は立派な建物になっている。説明によると記念館

は 1963 年に開館したが、2009 年の賀川の新川入り 100 周年を記念に、賀川の足跡だけでなく、共生社会実現のための調査活動や地域福祉を担う施設として建て替えられたのだという。

7　密造酒の摘発

●新聞記事に見る朝鮮酒の密造

　密造酒とは、政府等の公的機関の許可を得ないで製造されたアルコール類の総称だと定義される。私的な酒造が禁止されたのは 1899 年で、以後許可を得ない酒造は密造となって取り締まりの対象となった。

　ここでいう密造酒とはマッコリである。マッは「粗い」という意味の接頭語で、コリは「コルダ＝濾過する」であるから、マッコリとは粗く漉した酒の意。朝鮮では農民が愛飲した酒ということから、農酒とも呼ばれたという。

　朝鮮人が大挙して日本に渡ってくるようになったのは 1917 年以降のことである。第一次世界大戦による好景気で労働者が不足したのが主因であるが、その後大戦終息後の不況で朝鮮人失業者が増え、やがて社会問題化していくにもかかわらず、朝鮮人の日本への流入は増えていった。

　朝鮮人の流入が増え、その集住地域が広がるにつれ、故郷での生活習慣も持ち込まれることになる。マッコリもその一つ。日本のどぶろくに似ているが、米麹ではなくヌルッと呼ばれる小麦麹を使うから味は異なる。また 3 〜 4 日の即醸造で容易に作れることから、朝鮮人の多く住んでいる地域ではその需要は

高まる。

　しかし、公的機関の許可が得られるすべはないから、マッコリづくりは密造ということになり、酒税法違反で摘発される。ただ、それでもこの朝鮮酒に関しては,「在日朝鮮人 70 萬民衆ノ食料品タル生活必需品」と政府も認め，東京，豊橋，京都，広島の 4 ヶ所で制限的に朝鮮酒醸造許可を与えていたともいう（辛基秀「15 年戦争下の在阪朝鮮人の生活」）。一部で公的機関の許可が得られたのであろう。

　この密造酒摘発がもっとも早い時期に新聞に報道されたのは、知り得る限り、1923 年 2 月の下関においてであった。「朝鮮人の酒密造／付近鮮人相手に下関署に捕はる」見出しで、『九州日報』に報道された。同年 10 月にも同じ下関で密造酒が摘発されている。

　阪神地区では 1925 年 11 月がはじめての報道である。『神戸』1925 年 11 月 27 日付は、「酒は飲みたし高価で飲めず／朝鮮人の鮮酒密造／珍しい犯罪が摘発された」との見出しで次のように報道している。

　「西宮税務署では今秋酒の値が上がると同時に、阪神沿道へ入り込んで居る多くの朝鮮人が、高く酒が買へないのと日本の酒は口に合わず矢張り朝鮮酒がよいので、密にこれを醸造して居る者が多いのを探知し、最近その大活動を始め、最初の犯人として十五日尼崎市築地町西末広町（中略）、最近阪神新大国道、武庫川改修工事に従事して居る鮮人は千五、六百人にも上りその中の大部が前記の配合（糯、朝鮮こうじ、萬病草、せん汁に水を加えて醸造）で同宅で密造し、自家用とし或いは他の者に売っている事実あり」

　この記事では最後に「是れ等朝鮮人の内地移住とともに惹起した珍しい現象である」と結んでいるとおり、後には日常茶飯

事となり、戦後には朝鮮人の弾圧にも利用された密造酒の摘発が、この時期にはまだ珍しかったことを現わしている。

ただ、この時期日本でも農村地帯では盛んに行われていたどぶろくの密造が、都市部では行われていなかったのだろうか。昔の新聞記事を調べていると、密造酒の記事のほとんどが朝鮮人だったような記憶が残っている。

翌26年も新聞記事を見る限り、密造酒の摘発は神戸の1件（11月）だけであるが、この時も「灘の本場近くで密醸／珍しい出来事」との見出しだ。翌27年1月には宝塚で1件摘発されているが、朝鮮酒密醸者続出で西宮税務署が日本語と朝鮮語の警告文を出したとの新聞記事があることから、新聞記事にならなかった摘発がかなりあるものと推測できる。

その後密造酒の記事は年を追って増え、大がかりな摘発でなければ一段見出しの短信のようになってしまう。1930年4月に阪神沿線の青木で摘発された例では、自宅の押し入れを改造し、官憲の目をごまかすためにドンデン返しの仕掛けを用いた密室に、甕をならべて大量のマッコリをつくっていたという（『神戸』1930.4.10 阪神）。この時検挙された朝鮮人は、その前年の10月にも摘発されて罰金刑に処せられていたというから、密造酒は半ば常習的になっていたともいえる。

●戦後、尼崎・守部の密造酒摘発事件

朝鮮人の密造酒づくり、およびそれに対する摘発は戦前から行われていた。ただ戦前の場合、朝鮮人の密造はマッコリと呼ばれる日本のどぶろくに似た朝鮮酒で、自家用あるいは同じ集

落の朝鮮人への流通が主であった。すなわち、それほど大規模な密造ではなかったともいえる。

戦後の一時期、朝鮮人の密造酒は大規模化した。そしてしばしば大々的な摘発が行われた。その例としては、1949年2月の「尼崎事件」、1952年3月大阪泉南の「多奈川事件」などが有名である。ここで紹介する尼崎市守部の朝鮮人集落における密造酒摘発事件＝尼崎事件は、その規模において、あるいは醸造設備や販売ルートにおいて戦前とは大いに趣を異にした。つまり、朝鮮人集落全体が密造酒に関わっていたといっても過言でない状況だったからである。

この「尼崎事件」については、摘発の指揮を執った神戸地方検察庁の栗坂検事が検察研究所資料としてまとめた『集団犯罪の捜査に関する実証的考察』（以下『実証的考察』）に、検挙に対する計画、準備、実行の経過が詳しく述べられている。また『神戸』、『朝日新聞』、『毎日新聞』は、たった2面という当時の乏しい紙面を割いて大きく事件を報道した。しかも、いずれも警察発表のソースのみではないルポルタージュ風の記事になっている。なぜであろうか。これは、記者が摘発にあたった警官隊に同行したためで、どうして記者が警官隊に同行して取材するようになったのかについて、『実証的考察』は次のように書いている。

「[甲子園球場に警官隊が続々集まってくる状況の描写に続き]この頃既に糧食から本検挙を察知した新聞記者が各社とも（或る者は外野の塀を乗り越えて）集まっていた。入口から出さないので不法監禁だと看視者と多少のいざこざがあった」

この時甲子園球場に集められた警官は約1200名。兵庫県の各地から動員されたものだ。そして秘密保持のため、一度球場に足を踏み入れた者は出られないよう、入り口では厳重な警戒

7 密造酒の摘発

態勢がとられた。結局、甲子園球場に駆けつけた新聞記者は自由な行動が許されず、警官隊と一緒に検挙に同行したものと見られる。

以下、『実証的考察』および1949年2月10日付各紙(『神戸』は翌日に検挙をめぐる座談会も掲載)の記事をもとに、事件の概要を紹介する。

戦後の尼崎市の密造酒の歴史について『実証的考察』は次のように述べている。

「終戦後二、三戸の小規模な自家用濁酒製造に始り、昭和二十二年九月頃には守部地区約三十戸、園田地区約十戸、今北地区約三十戸、その他の地区約三十戸の計百戸を算するに至り、昭和二十四年一月頃には同市内に大小約八ヶ所の朝鮮部落において旺んに密造酒の製造が行われ、特に守部地区においては五百八十戸三千名程度の朝鮮人が一団となって密造酒作業の各部門(例えば材料の搬入密造製品の販売等)を担当し、大規模な設備等と相俟ってさながら全部落挙げて密造酒工場の観を呈していた」

一方新聞記事では、守部の密造酒が盛んになったのは「終戦後、守部部落の自家用ドブ酒製造が、酒不足に乗じて蒸留装置などを設置するまでに発展した」(『神戸』)のであり、また、材料の搬入、密造製品の販売については「原料の密造米は専門のヤミ米屋が山陰方面から運び込み、ヤミ米の消費量も一日五石を上回り、軒並みに各家庭の秘密工場で密造の上、売りさばき、その大半は真新しい四斗タルにつめられ、灘の一級酒のレッテルをはりつけ、各地の検問所をくぐり、京阪神各地へ一升六百円から八百円で裏口営業店などに売りさばいていた」(『朝日新聞』)と書いている。

要するに守部朝鮮人部落の戦後における大々的な密造酒は、

それまで細々と行われていたマッコリの自家製造が、当時の日本の経済状況、とりわけ酒類の流通状況に応じて発展したものだといえる。その背景には、解放民族となった在日朝鮮人の高揚感もあるだろうが、基本的には生計を維持するためだったであろう。それは、当時の日本人にしても同じであったといえる。規模の大小はともあれ、ヤミ行為や密造酒は、日本人の間でもさかんに行われていたからである。

中央が蒸留器、右が冷却器『集団犯罪の捜査に関する実証的考察』より

守部の密造酒の検挙は1947年、1948年にわたって都合3回行われた。しかし、事前に情報が漏れて全員が逃亡したり、検挙中に群衆が集まって抵抗されたり、あるいは押収した証拠品を返還せざるを得なくなるなど、「甚だしく官憲の威信を失墜するの結果を招」いた。そのため、「無警察状態に近いまでの彼らの傍若無人な行為に義憤を感じ」、「その前年四月の朝鮮人の教育問題から端を発して騒擾にまで及んだ所謂神戸事件(4.24 阪神教育闘争)を念頭に浮かべながら、約二千人の警察官を動員して、未明に目標部落に突入する大規模な案を纏め上げた」(『実証的考察』)という。

実行日時は当初、旧正月にあたる1月29日に設定されたが、警官の動員体制などの事情により延期され、実際は2月9日となった。旧正月での検挙日設定は、その頃には酒の需要がかな

りあると見込まれたからだ。検挙は 1 月 20 日過ぎから準備された計画であるが、この間徹底した秘密保持が図られた。警察で事情を知っていたのは最高幹部のみで、当日甲子園球場に動員された警官のほとんども、阪神間夜間機動演習のための動員だと思い込んでいるほどだったという。また、万一の場合に備え占領軍出動の内諾も得ていた。なお、甲子園球場が集合場所に選ばれたのは、目標部落から 3 km 西南方にあり、設備の上からも集合場所としてもっとも理想的だったからだという。

検挙の概要を『実証的考察』では次のように述べている。

「昭和二十四年二月九日午前五時を期して、検挙隊員十個中隊計三百六十二名により三方から一挙に部落に入り、検挙と企図が完全に秘匿されていたため被疑者等はほとんど就寝中であったので、捜査に入ると唯唖然自失していたのに乗じ、敏速に捜索を行い、各家庭内で密造酒及び器具等を発見し、直ちに被疑者を酒税法違反の現行犯としてその場で逮捕し、計百十七名の被疑者と、押収品として焼酎十六石七斗一升、濁酒四十八石五斗八升、もろみ六十七石一斗一升、麹十石八升、朝鮮麹（ぬる）四百六十四枚、蒸米及び洗米八斗六升、濾過器七十三個、蒸留器二十三個、冷却器三十七個、形態用焼酎容器四百九十筒、打栓機四台、麹箱百七十八枚、四斗樽三百四十七丁、瓶甕十九個、一升瓶六十五本、酒精計器四個の多数を得て同日午前九時三十分頃整然と現地より引揚げた」

こまごまと押収品のリストをそのまま引用したが、いかに大規模に密造が行われていたのかはこの押収品からも推測できる。また、これら押収品を運ぶのにトラック 30 台を要したという。

記者が同行した事件であるだけに、各社とも号外を発行したようだ。『実証的考察』では、『朝日新聞』の号外に「乱闘ー

相互に負傷者多数の見込み云々」とあるけれども、検挙員に1名の負傷者もいないと記している。

実際の検挙の様子を新聞記事は、「寝込みを襲われた守部部落ではボウ然自失、中には抵抗を試みたものもあったが、多人数のため手も足も出なかった」（『毎日新聞』）、「『酒をこしらえるのが何故悪い、この酒を買うのは日本人だ、政府が千円もするヤミ酒を売っているが、わしらのは安くてうまいんだバカ野郎』と抗議

神戸拘置所に輸送された押収品

押収された密造器具類の一部

するのを警官隊は無言で相手にせずといった調子で被疑者を外へ連れ出す。酒ダルなどは証拠品として運び出され、待ち構えていた税務署員がその場で検定、国警鑑識課員が被害者と並べて写真をうつす」（『神戸』）といった調子で報道してる。

この日拘留された被疑者は、2名の「沖縄人」を除いた全員が朝鮮人であった。最終的には2月28日税務署側からの告発状の提出をまって、79件80名が酒税法違反で起訴された。

なお、『神戸』の座談会によれば、「今度の場合は千二百名ほど集めたが、これは三宮ヤミ市の取締のとき二千名を集めたとき以来のことで、新警察制度発起後初めてということになる」と、この事件の検挙体制がいかに大がかりであったかについて語っている。

8　相互扶助の朝鮮人組織

● 神戸朝鮮人消費組合について

　消費組合とはいまでいう生活協同組合である。日本では1920年代後半から30年代にかけて、労働組合などが主体となった左翼消費組合運動が勃興した。各地の左翼系消費組合は日本消費組合連盟（日消連）に加盟して活動した。兵庫県の朝鮮人によるものでは阪神消費組合、神戸合同消費組合、西神消費組合などがそれであるが、一方、尼崎の共進消費組合のように左翼系に対抗した融和団体によってつくられた消費組合もあった。（阪神消費組合については、『在日朝鮮人史研究』第7号に詳述）。

　神戸朝鮮人消費組合も日消連に加盟していない組合で、官憲史料では民族主義系とされている

　神戸朝鮮人消費組合は1933年2月10日、崔時豊ら65名で結成、事務所は葺合区（現中央区）八雲通りに置き資本金1千余円をもとに営業を開始、機関誌『神戸朝鮮人消費組合ニュース』を発行するなどの活動を行った。初代組合長の崔時豊は朝鮮綿布商を営み、1937年には神戸市会議員選挙に立候補して落選した人物である。しかし同消組発足後7、8か月にして資本金1千余円が行方不明になるという事実が判明し、破綻の危

機に瀕した。

　同消組ではすぐさま文簿整理及び財政調査委員会を組織し調査に乗り出した。調査の結果、玉置という白米問屋の不正取引が判明した（『朝鮮日報』1933.11.10）。整理委員会の追求を受け不正を認めた白米問屋が500円を賠償することで紛糾は落着する一方、資金追加を募集し、500円の大株主になった廉命碩が役員に選ばれて営業は続けれらることになった（『朝鮮日報』1933.12.3）。

　なお、この委員会の執行委員長は李香雨、文簿整理部は姜甲俊ら5名、財政調査部は呉允煥ほか1名、庶務部は丁奎燦、劉鐘烈、金潤泰、羅宗均ほか数名であった。この顔ぶれのうち李香雨、姜甲俊、劉鐘烈、金潤泰らはいずれも神戸朝鮮労働同盟会や兵庫朝鮮労働組合の幹部である。おそらく大口出資者の関係で日消連に加盟しなかったと推定されるが、こうした朝鮮労働組合関係者の多くが役員を占めていることは注目される。

第一回総会を報じた『朝鮮日報』1934.1.10

　1934年1月1日、葺合区八雲通りの組合事務所において第1回定期総会が開催された。崔時豊を議長に選出して、規約改正、役員改選、八割制実施、組合員獲得、婦人部確立などを討議、改選役員として組合長崔時豊、理事長丁奎燦、相談役李香雨、朴昌秀、理事金潤泰、洪鍾鉉、劉鐘烈、金亮才、呉允煥、柳光俊、崔東植、姜保石を選出した（『朝鮮日報』1934.1.10）。労働組合関係者については先に挙げたとおりであるが、理事長の丁

奎燦は慶尚南道の泗川出身者の親睦団体として 1935 年に設立された泗龍親睦会の会長であり、調査委員会の羅宗均は慶尚南道統営郡出身者による統営同郡会の幹部で、いずれも民族主義系と目される人物である。

　1936 年 1 月 12 日第 4 回定期総会が開催されたが、欠損金を出した決算報告や 1 月中旬近くまで営業が再開できない現状に対して不満が噴出、紛糾した末、他の討議事項を中止して整理委員を選定して帳簿や財政などを調査することになった。

　整理委員長には崔時豊、委員には李香雨、丁奎燦など十数名が選ばれた（『朝鮮日報』1936.1.17）。なお、この記事の中に「在神 2 万余の同胞の組織機関はこの消費組合だけ……」との表現があるが、1936 年段階では神戸の他の左翼系消費組合や団体は、弾圧などによってすべてなくなっていたことを示すものであろう。

　この整理委員会の活動により、未収金の回収、新たな運営資金の拠出などが実現し、同年 1 月 17 日から営業を再開した（『朝鮮日報』1936.1.28）。そして現金主義と薄利多売に徹した結果、1 日の売上高が平均百円を超えるようになったため、2 月 9 日に臨時大会を開催し整理委員会の解散を宣言するとともに、組織強化および維持、婦人班の組織化、宣伝班の組織化、反消運動撲滅などを討議、スローガンを採択、新たな役員を選出した（『朝鮮日報』1936.2.15）。

　スローガンは「中間商人の搾取絶対反対、我々は消費組合を死守しよう、我々は消費力量を組合に集中しよう、大同団結は我々の力である、在神同胞は消組の旗のもとへ」というものであった。役員では組合長が崔時豊から丁奎燦に変わったほか、二度目の整理委員会がそうであったように、槿友会の金亮才、昌進会の張伯守など民族系の人物が理事の多数を占めている。

以後の神戸朝鮮人消費組合の動向については不明である。

● 泗龍親睦会について

　慶尚南道の西南部に位置する泗川郡。秀吉の朝鮮侵略時、泗川の近海は李舜臣の率いる水軍が活躍した歴史的な場所でもある。

　1935 年 7 月 7 日、神戸における泗川出身者たちによって親睦会「泗龍親睦会」が創立された。『民衆時報』(1935.7.15)によれば、創立総会には 120 名の会員が集まり、丁奎燦の司会で薛(薛)東鑽が議事進行にあたり、主な議題は「哀慶喪吊(弔)」だったという。さらに、この親睦会が創立されたのは、秋に行われた兵庫県会議院選挙を前にした時期だけに注目されると述べられている。

　後の『神戸』では、泗龍親睦会は神戸市葺合区(現中央区)に居住する朝鮮人の集まりとなっており(1938.11.28)、おそらく創立総会も葺合で行われたものと推定される。

　この創立総会で決定した役員は、会長＝丁奎燦、副会長＝金起鎬、総務＝趙三才、外各部部長＝ 7 人、各部部員＝ 14 人であった。会長の丁奎燦は、民族系の神戸朝鮮人消費組合に関わった人物で、1933 年 10 月には文簿・財政調査委員会庶務部員、1936 年 2 月 9 日の神戸朝鮮人消費組合の臨時総会では組合長に選任されている。したがって、泗龍親睦会と神戸朝鮮人消費組合との関係は密接ではなかったろうか。

　また、創立総会の議事進行を担当した薛東鑽は、1931 年 6 月に設立された神戸朝鮮人有志会の主要メンバーで、朝鮮日報

神戸支局長としても活動、また神戸朝鮮人消費組合の役員でもあった。

　泗龍親睦会はどのような活動を行ったのか。初めての事業として識字運動を開始したとの報道がある（『民衆時報』1935.8.1）が、具体的な活動状況については不明である。この記事では、「さらに一歩進めてこの地方に散らばっている各種団体の統一にまで努めることを期待している」と述べられている。

　なお、創立総会で議事進行を担当した薛東燦は、朝鮮日報神戸支局長名で『民衆時報』に広告していることから、『民衆時報』に掲載された泗龍親睦会の記事も薛東燦が提供したのかもしれない。ここに述べられた「各種団体の統一」は、1936年8月に薛東燦らが中心となって設立された兵庫県朝鮮人団体連合会として結実する。もちろん、泗龍親睦会もこの連合会の構成メンバーの一つであった。

『朝鮮日報』1938.7.14

　1938年7月5日の阪神大水害時には、労働奉仕を行うことを決議した（『朝鮮日報』1938.7.14）。いまでいうボランティア活動である。この水害には多くの朝鮮人融和系団体がボランティア活動を行っているが（高祐二『大災害と在日コリアン』）、泗龍親睦会もその一つだといえる。このボランティアへの参加者の氏名も次のように報じられている。（会長）丁奎燦、（役員）姜泰其、朴又壮、李明來、金永守、厳丁來外10余名。

　今ひとつの活動は、新生田川遊園地に国旗掲揚塔を建設、その落成式を挙行したというもの（『神戸』1938.11.24）。国旗掲揚塔は朝鮮人志願兵制度の実施を記念し、泗龍親睦会の会員がお金を拠出して建設したもので、融和的な行為であるがこの時

期、民族団体としてこうした行為から自由であることは許されなかったであろう。このときの会員数は300余名だとされ、創立時に比べ倍以上に増えている。

　ところで、同郷の出身者の集まりで新聞その他の資料に登場するのはそう多くはない。神戸の場合この泗龍親睦会のほか、神戸蔚山相助会（崔鉉錫ら129名、1931年3月15日設立）、湖南共親会（朴長春らにより1933年8月16日設立－湖南は全羅道を指すからかなり広い範囲の親睦会であろう）、金海親睦会（林田区で1935年7月に創立）、統営同郡会（羅宗均らによる－設立年月は不詳）などがある。

　これらの地方の出身者が神戸に多かったと言えるわけだが、なぜ多かったのかはわからない。泗川郡の場合、1929年10月の段階で「働き口を求めて日本へ行く労働者が泗川一帯で四、五千名」との見出しで報道されているが（『中外日報』1929.10.12付）、おそらくこうした渡航者の一部が神戸にやってきたものと推測される。原因は凶作のためで、「このように引き続き[渡航者が]増えていけば、本郡と泗川一帯には労働者の姿は見あたらなくなるだろう」と報じられている。実際、その後も労働者の流出は続いたようで、1933年の1年間の統計では泗川全体で海外渡航流民は1,366人（男968人、女398人）で、これ以外に満州への流離も多数にのぼると報じられている（『朝鮮中央日報』1934.2.13）。原因は風水害で、1933年末の泗川一帯の絶糧農家の戸数は2,400余戸に達しているという（同1934.2.12付）。

●協和会体制移行と甲南終美会

　協和会とは戦時下おける朝鮮人の抑圧・統制組織で、治安維持による日本国内の戦時体制の確立と皇国臣民化による朝鮮人労働者の動員を目的とした。その組織は府県単位で、各警察所管内ごとに支会が設置された。協和会の具体的な活動は、神社参拝、和服着用、神棚の設置、国防献金などであった。

　協和会設立の事業を進めるにあたり原則とされたのは、既存の融和団体を無条件で取り入れたりその連合体をつくるようなことは避けることであった。そのため、各地の融和団体は協和会への移行にあたっていったん解散させられたが、解散から協和会への移行が明確になっている融和団体は数少ない。甲南終美会は、解散して芦屋協和会へと移行した数少ない中の一つである。終美会、すなわち終わりが美しい会との名前が、その目的を表しているといえる。

　兵庫県内の協和会の設立は、1937年12月の伊丹協和会を皮切りに、翌38年3月の林田協和会、同11月の宝塚懇話会、同12月の灘親和会と続き、1939年に入るといっきにその数を増した。芦屋協和会は1939年4月に設立された。当時の芦屋署の管轄は、精道村、本山村、本庄村で、精道村は現在の芦屋市、本山、本庄村は神戸市東灘区である。

　その前身となった甲南終美会は、芦屋署の肝いりで「有名無実におちいっていた」とされる槿華青年会、東華自治会、朝陽親睦会の三団体を解散させ、1937年6月に発足の運びになっているとされる（『大阪毎日』1937.5.14 阪神）。兵庫県社会課の1937年3月の調査によると、精道、本山、本庄の三ヵ村に居住する朝鮮人は2,800名であった。会の事業は内鮮融和、紛

争事件の解決、服装風紀の改善、失業者就職斡旋、衛生諸設備などで、「半島人の有力者を招き着々準備を進め」ていると報じられている。

ところで解散させられた三団体であるが、阪神東華自治会は1930年12月に本庄村の姜岩伊らによって設立された団体で、1935年12月青木公会堂で開催された第6回総会では夜学の拡張と消費組合支持が決議されている（『民衆時報』1936.1.1）。

槿華青年会は1936年2月に本庄村深江の李敬哲らによって設立された団体で、同年3月より会員子弟に朝鮮語を教える夜学を開始したが、県当局は内鮮融和に悪影響を及ぼすとして夜学への通学を阻止したため夜学は閉鎖に追い込まれた。

朝陽親睦会は民族親睦団体で、1937年に本庄村村会議員に当選した朴柱範が顧問をした。朴柱範は阪神消費組合にかかわったほか、解放後は在日本朝鮮人連盟兵庫支部長となり、阪神教育闘争などを指導した。

これらの団体は、左翼系消費組合である阪神消費組合と密接な関係をもっていた。東華自治会の幹部である金炳善は阪神消費組合青木支部責任者であったし、同じく幹部の車甲得は阪神消費組合の第6回総会で理事に就任している。朝陽親睦会の朴柱範も阪神消費組合の幹部であった。また槿華青年会の夜学も、本庄村青木にあった阪神消費組合の支部活動の一環としての夜学を受け継いだものと推測することもできる。

しかし、左翼的な活動はもとより民族的な活動も非常に困難な時代であった。当局の干渉によってこれら団体は、ほとんど活動できなくなっていたと考えられないことはない。一方当局側からすれば、左翼的あるいは民族的性向の指導者のいるこれら団体は目障りだったであろう。そこで解散させて融和団体の性格の強い甲南終美会が設立されたのではなかろうか。問題は

これら団体の指導者であるが、そのまま甲南終美会に入ったのか、あるいはそこから逃れることが可能だったのかについては不明である。

　甲南終美会の活動としては、1938年3月に総代会を開いたこと（『神戸』1938.3.19兵庫県）、同年4月総代会の決議に基づき65円10銭を皇軍慰問金として献金した（『大阪毎日』1938.4.13阪神）こと、同年7月の阪神大水害時に芦屋署特高係の指揮の下に約130名の会員が、本山村の土砂を除去したこと（『神戸』1938.7.27兵庫県）が報道されている。

　1939年3月28日付『神戸』阪神版は、「終美会を解散／芦屋内鮮協和会をつくる」との見出しのもとに、「一層基礎を強固にし生活風俗の改善向上、衛生思想の普及、精神作興などにつとめるため[4月]一日終美会を解散、改めて芦屋内鮮協和会をつくることになり四月上旬その発会式を行ふ」と報じた。この時点での芦屋署管内の朝鮮人は3,500人だったとされる。

9 日本の戦時体制とのかかわり

● 阪神間の朝鮮人と国防婦人会

　2013年1月中旬ころのNHKニュース・ドキュメンタリー番組「クローズアップ現代」で、木下恵介映画監督とその作品が取り上げられていた。登場人物に対するしみじみとした共感が、いま再び見直されているといった内容であったが、代表的作品の「陸軍」や「二十四の瞳」のシーンも取り上げられていた。これらの作品には、出征による別れのシーンがでてくるが、そこには出征見送りの原風景のように「大日本国防婦人会」（以後国婦と略）のたすきをかけたカッポウ着姿の多くの婦人が登場する。

　ただ、藤井忠俊『国防婦人会－日の丸とカッポウ着－』（岩波新書）によると、これら2作品の出征見送りシーンは厳密には事実に反していて、「陸軍」の背景となった上海事変出征時にはまだ国婦はなく、「二十四の瞳」の出征時とみられる1943年には国婦は解散していたという。しかし、多数の国婦による出征見送りシーンがすんなり受け容れられるのは、日本全国津々浦々でこうした風景が繰りひろげられたからであろう。こうした見送り風景の中に、朝鮮人女性が混じっていたとすればどうであろうか。

ここでは、阪神間における朝鮮人婦人の国婦の組織化状況を、主に新聞記事によって明らかにしていきたいと思うが、その前に、先の藤井忠俊の著書によって国婦とはどういう組織であったのかを簡単に見ていきたい。

× 　 × 　 × 　 ×

　1931年9月の満州事変以後、中国大陸へ出征する兵士がしだいに増えていくが、大阪港から出征する兵士集団の見送り隊として1932年3月に大阪国防婦人会が誕生する。最初はわずか40名ほどであったが、その後陸軍省の後援もあり、同年10月に大日本国防婦人会・関東本部が、翌年3月関西本部が組織化され、国婦は本格的なスタートを切る。組織を分会方式にし組織対象を下層に広げたことにより、さらにはイデオロギーよりも行動をといった活動スタイルによって国婦は急速に拡大し、1934年9月には22万9千人、日中戦争が本格化した1937年12月には684万人に達した。

　軍事後援や軍隊の慰問組織として、国婦発足以前に愛国婦人会（愛婦）があった。1932年当時すでに会員153万人を数えていたが、知事夫人が支部長をつとめ、奉仕事業よりも会合や見学が主な社交的組織であったため、会員数ではしだいに国婦に遅れをとることになった。両団体は会員の獲得でしのぎを削ったが、日中戦争の本格化以後は愛婦も国婦型活動方式に移行する。さらに1942年2月には国婦、愛婦、大日本連合婦人会の3団体が大日本婦人会に統合されることになる。政治的には大政翼賛会、社会的には隣組の基礎が固まった時期で、この時期になると国婦の象徴であったカッポウ着はもはや時代に合わなくなり、防空訓練などで行動しやすいモンペスタイルに移行していく。

　朝鮮人婦人の国婦への加入が始まったのは、日中戦争が本格

化した1937年8月以降である。まだ兵庫県内の各地で協和会が発足する以前で、県内の朝鮮人集住地域にはそれぞれ融和団体が残っていた。朝鮮人婦人の国婦への加入にはこうした融和団体の存在が大きく作用し、協和会発足後は各地の協和会が国婦への加入を促した。なぜ愛婦ではなく国婦なのかは、その組織対象や活動スタイルから明らかであろう。

× × × ×

　以下、朝鮮人の国婦加入活動を新聞記事資料によってみていく。煩雑になるため、いちいち記事の提示は行わないが、1937年8月から1940年4月までの『又新』、『大阪毎日』（阪神、神戸）、『神戸』（阪神）、『大阪朝日』（阪神）の各紙である。

　1937年8月中旬ころと推定される。神戸市林田区（現長田区）西尻池在住の崔文岳の呼びかけで有志60名を集め国婦林田半島第一分会を結成、第1回目の運動として8月19日神戸入港の扶桑丸による戦没将兵遺骨を迎えることになった。「一同りりしい白襷、白エプロン姿」と表現されているが、エプロンは当時の言い方で、正確にはカッポウ着だそうだ。崔文岳は朝鮮料理業の金浩仁の妻とされるが、背後に融和団体があったのかどうかは不明である。

　同じ頃、林田区梅ヶ香町の内鮮興助会は国婦結成に乗り出すことになり、8月21日尻池小学校をトップに林田、葺合両区で2個所、須磨区で1個所の会合を持ち、公演や映画によって朝鮮人婦人の国婦結成を呼びかけた。新聞記事では、こうした「半島人女性の国防婦人会は神戸がトップをきったもので、この機運はやがて全国的なものとならう」と報道されている。

　武庫村守部（現尼崎市）では内鮮相助会の朝鮮人婦人200余名が非公式の「内鮮国防婦人会」を結成、最初の仕事として国防献金を募り8月21日58円を西宮市役所に寄託した。これを

契機に附近の朝鮮人婦人を網羅する公式の国婦を組織しようという気運が盛り上がり、西宮署特高係が支援に乗り出し近く公式の国婦が発足するという。

武庫郡本庄村（現神戸市東灘区）では、在郷軍人分会および村教育婦人会の呼びかけで国婦を結成、9月12日小学校において発会式を挙行した。これは日本人対象としたものであるが「同村内には多数半島人が居住する関係上半島婦人代表も参加しており」「内鮮一致の国婦分会として銃後の貢献に活躍するはず」と報道された。

1937年11月28日、神戸市葺合区在住の朝鮮人婦人約270名の国婦加入式が吾妻小学校で挙行され、国婦神戸本部から山田中佐および区内各分会役員が出席した。新聞記事には結成の背景について書かれていないが、先の内鮮興助会の活動の結果だと推測される。

吾妻小学校の朝鮮人国婦加盟式『大阪毎日』1937.11.29

国婦葺合支部朝鮮人婦人の活動状況はどうだったのか。その詳細は分からないが、1939年2月にひとりの朝鮮人婦人の活動が美談としてとりあげられている。泗龍親睦会丁奎燦会長の妻である全善牙が、遺骨の弔迎、献金、慰問袋、廃品回収の活動はもとより、会員の獲得でも11名を加入させたとして感謝状までもらったというもの。なお、丁奎燦はその前年の11月、生田川遊歩道内に国旗掲揚塔をつくり話題となった人物である。

1938年1月3日「国婦高砂署管内半島人分会」が発足し、

同年3月には全員で収集した廃品を売却して得た114円66銭のうち58円33銭でもって慰問袋50個を作成、残りを国防献金として加古川憲兵隊に寄託した。

尼崎市の国婦築地半島婦人班がいつ結成されたのか不明であるが、幹部金小順、金好善、金點南らは1938年7月、「支那事変一周年記念」に皇軍慰問金を集め軍人遺家族らに贈った。尼崎ではこのほか、長洲地区居住の朝鮮人婦人127名が、1939年12月20日西長洲八幡宮で国婦長洲分会への加入式を挙行した。これは難波区居住の60名の難波分会に加入に続くものとされる。さらに1940年1月には130余名が国婦小田第五分会に加入した。これらは兵庫県協和会尼崎支会の斡旋によるものとみられる。

伊丹では1938年夏に協和会内に国婦が結成されたとする記事がある。伊丹の掘抜製帽職工の妻の献金美談の記事中に出てくるもので、結成の経過については不明である。

宝塚では1939年2月、宝塚署署長が融和団体である内鮮懇話会の各班指導員に対し朝鮮人婦人を国婦に加入させるよう指導し、2月8日までに良元村だけで30名の入会者を得た。近日中に良元村伊子志分会として入会式を挙行する予定だという。

川辺郡稲野村（現伊丹市）では1939年3月、伊丹協和会指導員が朝鮮人婦人の国婦への加入を村当局に申請していたが、23日に村当局との交渉が成立し昆陽、寺本部落に居住する20歳から47歳までの朝鮮婦人63名が国婦稲野分会に加入することになった。4月29日53名が参加して同村東天神社で入会式が行われた。また同年8月にも同村新田中在住の朝鮮婦人19名も稲野分会に加盟した。

西宮では1939年12月、芝村地区に居住する40歳以下の朝

鮮婦人131名が、西宮署特高係の斡旋で国婦西宮市芦原第三分会の第八班半島婦人部を結成した。

× × × ×

　以上、新聞記事をもとに朝鮮婦人の国婦加入状況を見てきた。これらの記事の中からもその活動の一端を垣間見ることができるが、全体的に国婦がどのような活動を行ったのかを、国婦神戸地方本部の事業を通してみてみたい（前掲藤井忠俊著による）。

　これは1936年〜1941年までの事業回数および参加人員をまとめたものであるが、この中から事業だけを抜き出してみると、軍隊送迎、軍隊接待、入隊営舎送迎、遺家族慰霊、慰問袋献納、祈願祭執行、軍隊慰問、病院慰問、軍事作業援助、傷痍軍人慰藉、兵器被服献納、講演会、映画会、見学などとなっている。これらのうち全体的に回数が多いのは戦没者慰霊、遺家族慰藉、慰問袋献納などである。朝鮮婦人はこうした活動に、「まじめに」取り組んだのであろうか。

　ところで、国婦の運動は朝鮮本国でもあったようだ。2005年5月に平壌の牡丹峰で発見された「大日本国防婦人会平壌支部奉献碑」について論じた『労働新聞』（2012年5月10日付）によると、国婦は、「『皇国』のためにすべてを尽くすという美名のもとに悪質な日本侵略軍将校と軍人の妻で構成された反動的組織」と決めつけられている。しかし、先に見たように、本来、国婦はあくまで出征した軍人やその家族を「お世話する」ための組織であり、お世話される側の軍人の妻が組織されることはない。また活動についても、「国民皆兵運動」の展開や射撃訓練など日本国内とは若干異なった活動が論じられている。朝鮮国内での国婦についての解明は、今後の課題であろう。

9 日本の戦時体制とのかかわり

●尼崎協和会の神棚配布

　リヤカーに山と積まれた箱のようなもの。神棚である。「設ける神棚／半島人各家庭」の見出しのもとに、『大阪朝日』1940年9月15日付阪神版に掲載された写真であるが、神棚の配布がこのように写真に残されているのはきわめて珍しいといえる。

　新聞記事の内容は次のようになっている。

　「尼崎、大庄、武庫、立花の一市三村に在住する半島同胞二千五百世帯、一万人で結成する兵庫県協和会尼崎支会では、皇国民としての健全なる生活を行ふには敬神崇祖の念を養ひわが愛国精神の神髄を認識せねばならないと、各世帯に神棚を設け

『大阪朝日』1940.9.15

ることになった。／同会指導員の手で一両日から白木づくりの神棚を各戸へ配っているが、近く指導員数名が伊勢神宮に参拝のうへ護符を戴いて帰来ののち、各家庭へ頒布、奉祀し崇拝の誠をつくす計画である＝写真は各家庭へ配る神棚の山」

　兵庫県では1937年12月の伊丹協和会を皮ぎりに、各地で続々と協和会が組織され、尼崎協和会は1939年5月25日に組織された。尼崎署での発会式の予定を報道した新聞記事は、「風俗や生活の改善から教育、衛生施設、精神作興や犯罪防止などに全力をそそぐ」べく「指導員四十三名もすでに銓考を終」え

たとしている（『大阪朝日』1939.5.21 阪神）。この記事にあるように指導員とは、警察の内鮮係員によって指名された人々で、日本語をよく解する飯場の責任者や朝鮮下宿屋の主人などが多かったとされる。

　このように朝鮮人の治安対策と皇民化（日本精神を持つ人間づくり）を目的に組織された協和会の事業のひとつが、朝鮮人家庭に対する「神棚奉斎」であった。先の新聞記事によれば、神棚は指導員の手で各家庭に配布されたとなっている。

　1940年9月の時点では尼崎協和会指導員は73名に増えているが（『兵庫県社会事業』1940年7月号）、それでも2,500世帯すべてに神棚を配布するのは大変である。ほんとうに全世帯に配布されたのだろうか。神棚を設置するような習慣もなく、またその必然性もない朝鮮人にとっては、神棚の配布は迷惑なことであったに違いない。

　朝鮮本国でも神棚を設置させる動きはあった。その体験談によれば、神棚は売り込みの形で行われ、大半の家庭では売り込みを断ったという。一般の家庭が断っても無理強いはなく、日本での状況とはかなり異なっていた。ただ官庁に勤めたり、日本の大企業に勤めている者は強制的に設置させられたという（李又鳳『在日一世が語る』『同』出版会）。

　「むずかしい精神訓話より形式から、『日本人のまね』から学ばせるというのが協和会の基本姿勢であったがまさに、朝鮮人家庭のなかの神棚は義務化された形式としてのみ存在していたにすぎなかった。その神棚も敗戦という日本の権力の背景がなくなり、協和会が解体されると同時に、朝鮮人の家庭からは消滅してしまった」（樋口雄一『協和会』社会評論社）。

10　朝鮮本国と連動した動き

● 神戸の伊藤博文の銅像と大倉山公園

伊藤博文と神戸

　伊藤博文（当時俊輔）の出世の足がかりとなったのは、堪能な英語でもって神戸事件などの解決に奔走したことにより、外国事務総裁 東久世通禧に見い出されたことによる。

　神戸事件とは、1868年2月4日に神戸三宮神社前において備前藩兵が隊列を横切ったフランス人水兵らを負傷させ、銃撃戦に発展し、居留地（現・旧居留地）予定地を検分中の欧米諸国公使らに水平射撃を加えた事件である。伊藤の回想によれば、役人になるつもりではなく、ただ京都に入ろうとの目的で下関から船で神戸にやってきたのだという。神戸事件の翌日であった。当時の神戸は、新政府への切り替わりで無政府状態であった。

　東久世に見出され兵庫県知事となった伊藤は、居留外国人の待遇改善を打ち出し、民間人で市兵隊をつくらせて治安に備えるとともに、梅毒を駆逐するための病院の建設に力をそそぎ（1869年3月竣工）、公娼でもって密淫売をなくす目的で福原遊郭をつくった。また県庁を兵庫から神戸に移し、県庁の機構を整備して県政の原型をつくるなど活躍はめざましかった。し

かし、やり手すぎてねたまれ、誹謗と中傷によって 1869 年 4 月に知事を罷免された。

湊川神社の創建

神戸市中央区にある湊川神社は、楠正成を祀っている。正成を南朝の忠臣とする評価は、江戸時代の早い時期からあって、この場所には廟所が建てられていた。幕末になって王政復古が唱えられるようになって、正成を神として祀り、神社を建てようとする動きが現れてくる。

1868 年 3 月、兵庫裁判所総督（後の県知事）東久世通禧に対し連名の請願書が出されるが、この請願書に伊藤博文も名を連ねた。伊藤が県知事になる 2 ヶ月ほど前である。請願を受けた新政府は同年 4 月、正成に神号を贈り、神社を造営することを布告した。実際に社殿が竣工し、鎮座祭が行われるのは 1872 年 5 月である。

伊藤が寄進した石灯籠

神社の本殿の奥まった一角に、伊藤が寄進した一対二基の石灯籠があり、次のような銘文が刻まれている。

伊藤博文が寄進した石灯籠

「明治二年歳己巳秋九月穀旦 大蔵少輔従五位兼民部少輔　越智宿禰博文」

己巳は 1869 年、穀旦は吉日と同意語である。伊藤はこの時すでに中央官僚に転任していた。少輔（「しょうふ」或いは「しょうゆう」）は大輔とともに卿を補佐した官僚で、今でいう次官補といった地位である。

ちなみに大隈重信は民部兼大蔵大輔。民部は徴税を主に担当した部署で、後に徴税以外の業務を分離（内務省）して大蔵に統合される。

越智宿禰は氏（出身地/本貫）と姓（生まれ素性）を現したもの。その後明治政府は、1870年の平民苗字許容令、1872年の壬申戸籍編纂の二段階によって「氏（シ、うじ）＝姓（セイ、本姓）＝苗字＝名字」の一元化を成し遂げ、旧来の氏・姓を公称することを自ら廃止した。

この石灯籠の台座に刻まれた銘文によると、「此の神灯は故大勲位伊藤博文公の壮年、奉献せられたるものなり。当時湊川神社は、公、兵庫県初代の長官として在職の時、勅旨により奉祀せられしものにして、公は量地及社殿の規模輪奐（建築物の高大で壮麗なこと）等、謹厳に之を経営せられたる、実に当社の創造者たり云々」とある。この銘文は1915年5月、神戸の名家で伊藤とも親交のあった神田兵右衛門によって刻まれたもの。

湊川神社境内の伊藤博文銅像

こうした湊川神社と伊藤博文の深い関係から、伊藤の功績を称える人々によって、1904年10月境内に銅像が建てられた。「湊川神社六十年史」の明治37年10月22日の宿直日誌の項によると、「本日午前第十時伊藤侯爵ノ銅像落成ニ付除幕式挙行」され、神戸の名士50余名参列のもと盛況裏に式典が行われたとある。銅像の位置は、「本殿右側、甘南備神社の前に南向き

湊川神社境内にあった銅像

に建てられてあった」(湊川神社史)という。甘南備神社とは楠公夫人を祀った神社であるが、戦後本殿に戻された。

銅像引き倒し事件

　銅像が建立されてから1年にもならない1905年9月、伊藤の銅像は群衆によって引き倒され市内を引き回されることになる。事の起こりはポーツマス条約締結である。

　この条約によってロシアは、北緯50度以南の樺太島の割譲および租借地遼東半島の日本への移譲を認め、実質的に日露戦争は日本の勝利に終わった。しかし、同条約では日本に対するロシアの賠償金支払い義務はなかったため、日清戦争と比較にならないほど多くの犠牲者や膨大な戦費を支出したにも関わらず、直接的な賠償金が得られなかった。そのため、日本内部の非難の世論が高まり、東京の日比谷では暴徒と化した民衆によって内務大臣官邸、御用新聞と目されていた国民新聞社、交番などが焼き討ちされる事件が起こった。

　この事件が神戸にも飛び火する。「東京暴動の報一たび伝はるや各地の人心頓に狂昂して殆ど常識を失するに至れり。禍なる哉我神戸市も又終に此の狂乱の中に没投せらるるに至れり」(『神戸』1905.9.8)。以下、新聞記事によって経過を見てみよう。

　9月7日夜、湊川神社前の大黒座(1907年-1918年までであった芝居小屋)で非講和演説会が開かれた。7時の開場前にすでに立錐の余地がないほどとなり、入場が中止され、あふれた数千の群衆は場外に佇立あるいは神社内に入り込んだ。

　そのうち(『神戸』は8時半頃、『又新』は演説会が閉会した9時以降)数名の壮漢が斧や金槌などで銅像の周囲の鉄鎖を切断して銅像に巻き付け、居あわせた群衆もこれに呼応して鎖

を引っ張って銅像を引き倒した。引き倒された銅像には太綱がかけられ、百余名が一団となって綱をひっぱり神社正門を出て市内へ繰り出した。行き先は福原遊郭。

行き先を定めるにあたって、群衆の一人が大声で「相生橋署へ」といったのに対し、他の一人が「いや伊藤だから福原へ行け」と言って、その方面に向かいはじめたと報じられている。

『又新』1905.9.9

福原遊郭をつくるとともに関係した女性は無数といわれる伊藤の好色性の評判は、民衆にもよく知られていたのであろう。この間、数名の巡査が騒ぎを収めようとしたが、逆に群衆に襲われて逃げまどうありさまであった。銅像が街を引きずり回されるにつれて曳綱の長さはさらに長くなり、曳くものの数も「幾千の多きに達した」。「中には紳士体のものもあり書生あり随分人目を惹くべきもの多かりき」であった。

銅像は、大黒座前から相生町、西門筋、福原遊郭、多聞通を経て福原口に至り警官隊と衝突、そこの派出所前にうち捨てられた。群衆は12時前に解散した。日付が変わった午前3時頃、消防夫10数名が銅像を荷車に積み、警官数名の付き添いのもとに水上署に護送し、警備艦に保管中であると報道されている。湊川神社史によればその後銅像は、「服部兵庫県知事の別宅に隠匿、のちに萩に移したのであったが、昭和十七年に戦争中の措置として供出せられた」。なお、福原遊郭の位置は現在とは異なり、今のJR神戸駅附近であったという。

大倉山公園の由来

　大倉山公園は、大倉財閥の創設者で日本の成金第一号などといわれる大倉喜八郎に由来している。もとは安養寺山といった。安養寺は墓地とともに今も公園の入り口に残っている。安養寺山の以前は広厳寺山（こうごんじやま）といった。山の南麓に広厳寺があったからだ。1580年花隈城攻めの池田信輝がこの山に砦を築いたという。

春畝楼（『新中央区歴史物語』より）

　大倉は1895年に、神戸鎮台跡地の安養寺山8千坪を墓地つきのまま購入した。ここに200坪の豪華な別荘を建てたのである。この別荘は、伊藤博文が朝鮮の

大正時代の大倉山公園（『生田いまむかし』より）

行き帰りに、「神戸第一の眺望且避暑地」としてよく宿泊したところでもある。この別荘は伊藤博文の雅号をとって春畝楼と名付けられた。

　伊藤博文がハルビンで安重根に射殺されたのは1909年10月26日。神田兵右衛門（灯籠の台座の銘文作者）らがその死を悼み、伊藤が初代兵庫県知事であったことにちなんで神戸に銅像を建てることになった。その場所を提供したのが大倉であった。

　伊藤博文が射殺された翌月である11月、有志によって銅像建設の話がもちあがった。建設地は、伊藤が明治元年に兵庫県

知事に任じられた関係から神戸に決定したが、その場所は県庁の玄関前やメリケン波止場、あるいは相生橋のたもとなど所説が出され、最終的に諏訪山に建設することに落ち着いた。

しかし大倉は、自ら銅像の建設予定地である諏訪山に登ってみて、「諏訪山は景色はいいけれども登らないと銅像が見られない。銅像は欧米の例の如く、多数の人が朝夕接見しやすい公園や市街の要衝に設置すべきだ」として、安養寺山の提供を申し出た。神戸市は大倉の厚意を受けることにし、1910年8月「市長は神戸市会に寄付行為を附議し、同時に大倉山公園と称することを議決し、工事を進行し」、1911年10月に除幕式を行った。

大倉喜八郎と朝鮮

大倉喜八郎（1837-1928年）は、新潟県出身で18歳のときに江戸に出て鰹節店員となった後、神田に銃砲店を開き、戊辰戦争で官軍に武器を売って大儲けするとともに、明治維新政府と密接な関係を持つようになり、日清、日露両戦争でも軍部の御用達商人として働いた。渋沢栄一と親交を結んで1878年東京商工会議所の前身である東京商法会議所を興し、東京電灯会社、帝国ホテル、内外用達会社などを創設して実業家としての先見性を発揮するとともに、大倉商業学校（現・東京経済大学）を創設するなど、社会事業も手がけた。

日本の中国大陸進出が積極化する明治後期から大正期にかけ、満州および朝鮮で各種事業を展開した。手がけた事業は多岐にわたり、大日本麦酒、日本皮革、帝国製麻、東京毛織、大倉鉱業などがある。

大倉喜八郎と朝鮮との関係は、江華条約（1876年）によって開港した釜山で初めて貿易をしたことに始まる。その後鉄道

の建設・経営、釜山港と鎮南浦（現在の南浦）の埋め立て、農場経営など、韓国併合前後の時期の朝鮮と深い関わりをもった。

大倉山公園の二代目銅像

二代目銅像は、像本体は小倉惣次郎作で、台座は武田五一が設計したとされる。千葉県立美術館にある小倉惣次郎の伊藤博文像は高さ 40 cm 弱ながら、銅像の写真と酷似する。また台座は、ギリシャ人建築家によって設計されたマウソロス王墓の霊廟（階段状ピラミッド）の意匠を設計に取り入れたと

伊藤博文の銅像の絵はがき

いわれる。武田の愛弟子吉武東里も師の意志を汲み、初代首相に就任した伊藤博文にちなんだコンセプトのもとに国会議事堂を設計した。

小倉惣次郎の伊藤博文像

この銅像の除幕式は、伊藤の三周忌に相当する 1911 年 10 月 26 日に挙行された。除幕式には伊藤の娘婿の末松謙澄夫妻、服部兵庫県知事、鹿島神戸市長、大倉喜八郎夫妻、田丸神戸地方裁判所長らの来賓のほか、在神文武高等官やジャーナリストなど約 500 名が参列した（『大阪朝日』1911.10.27）。

銅像は戦時金属供出のため 1942 年に姿を消し、台座だけが大倉山公園に残っている。先の除幕式の記事よれば、銅像は公

園の「頂上」に造られたという。しかし、現在台座が残っているのは公園の片隅である。公園の形が変わったのか、はたまた移動させられたのか。

大倉山公園碑

　公園広場の銅像台座からさらに少し奥に入ったところに、大倉山公園碑がある。碑には漢文が刻まれているが、内容は先に書いたような銅像と大倉山公園ができた由来である。

　この碑は銅像建立の後に神戸市が建てたもので、先の『鶴翁餘影』には次のように書かれている。

　「銅像は既に建ち、安養山荘は大倉山公園と改称し、別邸の名を春畝館と題し、神戸市の貴賓接待所となり、以て今日に厳存す。後神戸市は記念碑を建つるの議を定め、題字を有栖川威仁親王殿下に請ひ、文を東宮侍講三島毅翁に嘱し、日下部東作翁の揮毫を以て完成す」

　碑の漢文はかなりの長文で、読みにくいものであるが、その中に次のような一節がある。

　「翁恒受春畝伊藤公寵遇。公之経畧韓國也。途次　留宿于此。深愛賞其勝。既而視察満洲。抵吐哈爾賓。暴斃於兇豎之手。天下惜之」（翁恒に春畝伊藤公の寵遇を受く。公の韓国を経略するや、途次しばしば此に留宿し、深く其勝概を愛賞す。既にして満州を視察し、哈爾賓に抵り、暴かに兇豎の手に斃ず）

　翁とは大倉喜八郎、経略は攻め取ること、勝概は美しい風景のことで、兇豎は邪悪な小僧、すなわち安重根を指す。安重根は韓国では英雄であるが、この碑にあるような歴史認識は碑が建てられた当時も今も、あまり変わらないように思われる。

　ところで春畝館（資料によっては春畝楼）は、戦災で焼失するまで春畝記念館として健在であったという。焼失をまぬがれ

た建物の一部なのか、戦後に再建されたものなのかわからないが、春畝館は大倉山老人いこいの家として使用されていたが、1995年の阪神大震災で全壊し、その後解体撤去されて現在は更地になっている。

●純宗の死去と阪神間の朝鮮人

　純宗は李王朝最後の第27代君主であり、大韓帝国でいえば第2代皇帝であり、韓国併合後は日本帝国の王公族として初代李王であった。1926年4月25日に52歳で死去し、その葬儀は6月10日に朝鮮王朝の伝統に則って執り行われた。

　葬儀の日には、独立運動に対する厳重警戒体制のなかで朝鮮共産党によって計画された6・10万歳運動が起こされたが、3・1独立運動の規模にははるかに及ばなかった。

　この頃日本では、朝鮮人の左翼的な運動団体が各地で組織されつつあったが、少なくとも純宗の死去を契機として民族運動を起こそうとする動きは見られなかった。そればかりか、労働団体による慟哭式や一部メーデー参加を自粛するなどの動きも

あった。ここでは、純宗の死去および葬儀に対する阪神間における朝鮮人の諸相を見てみたい。

10 朝鮮本国と連動した動き

　なお、諸団体の「式」の呼称はバラバラで統一されたものはなかったようだ。ここでは各新聞記事の名称にしたがった呼称にした。

×　　×　　×　　×

　兵庫県朝鮮無産同盟は、官憲資料では共産主義系の思想団体として位置づけられている。この団体の発会式は、ちょうど純宗の死去が伝えられた4月25日であった。発会式に先立ち早朝から摩耶山で大運動会が催されたが、そこでの死去が伝えられた時のようす、および同盟発会式のもようは次のように報道されている。

　「晴れの衣装とりどりに男女三百数十名が思ひ思ひの趣向に打ち興じ、やがて酒宴も盛となった頃突如として殿下の悲報が伝わったのである。忽ちにして喜びは悲しみへの激変し、一座は白け切り、群衆は期せずして一人去り二人去り、会半ばにして何れもトボトボと帰途についた。夜に入って悲しみの裡に発会式は挙げられたが、一般が遠慮気味と見へ参会者は案外少なく僅かに七、八十名に過ぎなかった。(中略)この日の会合は恰も追悼会の感を偲せしめた」(『神戸』1926.4.26)。

　国葬に先立ち朝鮮人の各団体では奉悼式を準備した。

　武庫郡大庄村道意（現尼崎市）の乾鉄線に働いている朝鮮人90名のうち約50名は、4月27日午後1時に西宮市北郊の甲山山頂に集合して奉悼式を行った。そのもようは「畳一枚の白布に故李王殿下の霊位を奉書してこれを東向けに奉安し、清らかなる冷水を供へて一同西故国京城の空を礼拝、朝鮮固有の儀式に依る『哀號』を唱へて殿下の薨去を遙かに悼み奉った」(『神戸』1926.4.28)と報道されている。乾鉄線の労働者は翌年の1927年5月から7月にかけて争議を行うが、その要求項目の一つに「内鮮人差別待遇の撤廃」を掲げた。

177

加古郡別府町（現加古川市）の多木製肥所の職工150名は、4月27日午後1時過ぎより尾上村浜宮公園で望哭式を挙げ「遙かに京城を望んで『哀號』を唱へたが当日は何れも男女共すがすがしき白の礼装し、しめやかな光景であった」（『又新』1926.4.28）という。記事に「白の礼装」とあるが、韓流の時代劇ドラマでよく見られるように、朝鮮の伝統的な葬儀の服装は白装束であった。なお、多木製肥所は1931年の被差別部落出身者および朝鮮人による大争議で有名である。

　兵庫県鮮人青年団は、5月1日から6日まで神戸市脇の浜町の内鮮協会事務所楼上で奉悼会を開催した。「会場の正面に『故李王殿下の霊位』と大書した軸をかけ、団長金栄達氏をはじめ神戸高商、関西学院等の学生、阪神在住の労働者達が朝鮮服で跪坐し、もの悲しい哀號の慟哭をつづけた」（『大阪毎日』1926.5.2）。団長の金栄達は金永達で、後に兵庫県内鮮協会の設立に深く関係した人物である。

　一部労働者のメーデー参加自粛の動きは、つぎのように報道されている。

　「朝鮮労働総同盟の鮮人団体は時恰も李王殿下薨去の直後とて鮮人一同哀悼の意を表し謹慎している折柄であるから参加を遠慮すべしとの意見を主張するものがあったが、又この反面には哀悼と運動とは趣を異にし、且つ鮮人労働団体の発展の為には将来内地労働団体の援助を乞はねば至難であるから参加を主張する者が多いので大部分は参加に決したらしいが、一部の者は謹慎して参加せぬ模様であると」（『又新』1926.5.1）

×　　×　　×　　×

　国葬当日の状況はどうであったか。まず、神戸市の各団体の追悼式のもようを『毎日』1926年6月11日付記事によって見てみると、脇浜の兵庫県内鮮協会は金栄達氏ほか数十名が崩御

10 朝鮮本国と連動した動き

当時から安置してあった霊位前でしめやかな哀號式をあげた。
和田岬町の朝鮮労友和合会は崔益寿氏ほか70名が正午会下山(神戸市兵庫区と長田区の区境に隣接する標高80〜85mの山)頂上に参集、西方に祭壇を設け一同西面跪坐して10分間哀號を続けた。須磨在住の朝鮮人団体は李海俊、金永錫の両氏ほか160名が太平證誠神社に集合し午後5時から遥拝式を催した。

神戸における慟哭式（『又新』1926.5.2）

尼崎では10日午後7時より、同市本興寺祖師堂で朝鮮人300名の参席のもとに奉悼式が催された。「式は尼崎仏教連盟の僧侶が開経偈に初まり連盟会長増田日継師の奉悼文、内鮮同愛社長洪小龍氏並に金敬子氏弔詞を朗読し一斉に礼拝して悲調なる

尼崎本興寺での奉悼会（『大阪毎日』1926.6.12）

哀號と歔欷（すすり泣き）の声は香燭を揺るがせた。かくて寿量品阿弥陀経の誦経のうちに一同焼香し午後八時式を終えた」（『大阪毎日』1926.6.12）。大阪では津村別院（北御堂）で内鮮協和会主催による奉悼式が行われているが、兵庫で仏教式による奉悼式が行われたのは、尼崎だけだったようだ。

尼崎の乾鉄線の朝鮮人労働者約100名は、「お国風の詔哭式を挙行すべく」協議中であると報じられた（『神戸』1926.6.6）。

179

報道によると、死去の際に行った奉悼式があまりにも寂しかったため、尼崎のユニオンビールなどに働いている同胞団体とも合同で開催すべく、幹事連が折衝中であるという。実際、どういう形で式が行われたかの報道はない。

姫路市には当時約700名の朝鮮人が在住していたが、そのうち青年が組織する青年会主催による追悼式が、10日午前9時から姫路日毛工場付近空地で挙行されると報じられた(『大阪毎日』1926.6.9)。

最後に、神戸における日本人社会の状況はどうであったのかを見てみたい。『又新』1926年6月11日付は「国葬日である十日は廃朝を仰せ出されたが県庁も市庁もその他の官公衙も平常通り執務した。神戸市内の組合銀行、商業会議所、取引所、各信託会社、保険会社、三井、三菱、鈴木、郵船商船等の主なる所は弔旗を掲げて休業し、中小学校では訓話した所も少なくなかった」と報道している。

× × × ×

1926年の純宗の葬儀当時の左翼的朝鮮人の団体は神戸朝鮮労働組合であったが、この団体は1929年に兵庫県朝鮮労働組合へと移行する。この時になってはじめて6・10を記念した闘争が行われた。記念日当日に尼崎支部常任の全海建が「六月十日が来た。闘争を以て記念せよ」と題するビラを配布し、6月13日に尼崎署に検挙された。これに対し本部の崔浩俊は、翌14日「戦闘的労働者諸君に激す」と題して、全海建検挙の不当性を訴える檄文を作成した。ただ、こうした動きは散発的なものに終わり、ビラの作成者は出版法違反で検挙された。なお、崔浩俊は乾鉄線の元職工である。

以後、兵庫県で6・10を記念した闘争が行われた形跡はない。

10 朝鮮本国と連動した動き

●神戸で元山ゼネスト支援のスト？

　植民地下朝鮮での最大の労働争議といわれる元山ゼネスト（1929 年 1 〜 4 月初め）の記述において、神戸と小樽で支援ストが行われたことがしばしば登場する。たとえば朴慶植は『在日朝鮮人運動史』の中で「神戸、小樽の労働者は同情ストを断行した」と記述し、金森襄作は「元山ゼネストと朝鮮の労働運動(3)」（『朝鮮研究』178 号所収）で「神戸の「ラ（ライジングサン）」社日本総支社の労働者が、同情支援ストを起こした事実などは特筆すべきことがら」と書いている。また、小林英夫の「元山ゼネスト」（『労働運動史研究』44 号所収）では「小樽および神戸ライジングサン石油会社の労働者が支援ストにたちあがったことは、両国の労働者の国際連帯にとって重要なことだった」と述べられている。

　しかし、これらの記述の根拠となっている資料はというとはなはだ心許ない。朴慶植は在日本朝鮮労働総同盟の「元山争議応援ニュース」第一号のなかの「既に小樽運輸労働者、神戸ライジングサン労働者は同情罷業に入った」という部分を根拠にしていると推定されるし、金森は『朝鮮日報』1929 年 5 月 25 日付の「元山大争議一段後記」（この日付の『朝鮮日報』の中に同記事は見つからず）に言及されているもので、しかもその「具体的内容は全く不明」だとしている。小林論文では記述の根拠が明らかにされていない。

　「元山争議応援ニュース」も「元山大争議一段後記」も、二次的なニュース報道である。一次的な報道として、『中外日報』1929 年 3 月 12 日付の「神戸と小樽で同情罷業を断行／運輸労働者とライジングサン人夫／各地同階級の声援」、および『朝

181

鮮日報』1929 年 3 月 13 日付の「元山争議に同情／神戸でも罷業／英石油東洋本営に一動揺／注目される今後の経過」という見出しの記事を見つけることができた。しかし、このうちの『朝鮮日報』の記事はほとんど内容がなく（本文より見出しが過激）、しかも「罷業を開始したという報道が入ってきた」とあることから、伝聞的な報道であることがわかる。これに対し『中外日報』の記事は、「数日前から北海道の小樽の運輸労働者数十名が同情罷業を断行し、神戸のライジングサン石油会社の労働者数百余名も同情罷業を断行した」となっており、ストに参加した労働者の漠然とした数が入っている分いくらか具体的であるが、あとは元山ゼネストの状況説明がはいっているだけで、これ以上の内容はない。ストが行われた正確な日付すら分からない。

　問題は、これらの記事が何に基づいて書かれたのかである。記事の乏しい内容からして、記者が神戸や小樽の現場に行って取材したのでは決してないと推定できるからである。

　少なくとも神戸については、日本の地方紙や全国紙の地方版を見る限り、元山ゼネストの同情ストが行われた形跡は見つからなかった。同情ストどころか、元山ゼネストについての報道もほとんど見あたらなかった。要するに同情ストが行われるような雰囲気ではなかったことは、ここからもうかがえる。

　元山ゼネストについて最も詳しく報じたのは『無産者新聞』であろう。同紙は元山ゼネスト勃発時から日本の労働者に支援を訴えた。元山ゼネスト関連の記事の中には、日本労働組合全国協議会が元山行貨物の積込、荷役を拒否することや応援の全国的罷業、示威闘争を行うために地域的に労働組合会議を開くことを提唱したという（1929 年 3 月 13 日付）記事や、「最も重大かつ緊急な諸君の国際的階級義務は、神戸のライジングサ

ン石油会社にストライキを起こす事だ！」(1929年3月13日付)という元山争議団のアピール文なども見る事ができる。しかし、こうした記事を眼にすることができた左翼的、戦闘的労働者が、神戸のライジングサン石油会社にいたのかどうかはかなり疑問だ。

　日本の一般紙に報道されなかったからといって、同情ストそのものもなかったとは決していえない。しかし、同情ストが行われた事実については、限りなく黒に近いグレーだと言わざるをえない。

11　神戸市の朝鮮人対策

●兵庫県の救護視察員制度と朝鮮人

　公的社会福祉事業の先駆は、1917年5月から実施された岡山県の済世顧問制度とされるが、翌1918年夏に勃発した米騒動は各方面に社会福祉事業の重要性を認識させ、各地であいついで諸施策が実施されるようになった。1918年10月大阪府に方面委員制度が創設され、1919年9月には兵庫県が救護視察員制度を設け、1920年には2月に長崎市、4月横浜市、8月京都府、9月広島市、12月東京市があいついで「方面委員」を設置した。

　兵庫県の救護視察員制度発足について『新修神戸市史』は、「(岡山、大阪の制度に対し)兵庫県の清野知事はすぐさま職員を派遣しその調査を命じたが、ほどなく知事の更迭があり、(後任の)有吉知事は民間委員制度の導入は時期尚早とし、有給専任吏員による救護視察員制度を発足させた」と記している。地域有力者の名誉職として委員を採用した大阪市などとは、制度を異にしたゆえんであろう。また区域も大阪や京都が学区を単位としたのに対し、兵庫県のそれは警察の管轄を単位としている。当時神戸市ではまだ区制が行われておらず、したがって区役所がなく、住民に近い機関としては警察しかなかったほ

か、社会福祉事業が治安対策の一面ももっていたことを示すものであるという。

なお、兵庫県では1927年5月から方面委員制度が実施されたが、神戸市にだけは警察管区に対応する方面委員会分会が置かれた。

「兵庫県救護視察員規定」によれば、「県下4区域（神戸三宮と湊川、姫路、尼崎）を指定し、各区域ごとに一人の救護視察員を駐在させた。設置区域については後に、明石市が追加され、神戸市葺合区を三宮から分離し、神戸林田区を新設してここには視察員二人を置くこととして、当初の四区域四人から、七区域八人に増えた」という。救護視察員の職務は「常ニ受持区域内ニ於ケル困窮者ノ生活状態ヲ調査シ要救護者ニ対シ適切ナル救護ノ途ヲ講スヘシ」というもので、救護の実施は「所轄警察署長及救護視察員協議ノ上之ヲ決定ス」とされた。

この制度発足から2ヶ月。その間の神戸市内の救護視察員の活動状況が調査され、新聞にも報道された（『大阪毎日』1919.12.8）。これによると神戸市の救護視察員は2名で、三宮、相生橋、兵庫、湊川の各署あわせて56戸177名の家族が救護を要するとされ、「被救護者の殆ど全部貧困であるといふほどでもなく其中最も多いのは主働者の病弱に因るもので全数の約五割を占めている」、「視察員は之等の病弱者に対しては済生会又は之に類する民間の慈善的施設に依頼して治療を受けせしてめている」という。

制度の発足から1年に満たない1920年6月、兵庫県内務部社会課は「救護視察の実況」をまとめ「予期以上の効果を挙ぐることを得た」と報告している。その中で3名の朝鮮人が制度の恩恵を受けた例として挙げられている（被救護者名はいずれも仮名）。

慶尚南道密陽郡出身の李彦炷は1917年に妻と長男を連れて神戸に来て、その冬に次男をもうけた。彦炷は仲仕に雇われ、妻は子どもをつれて倉庫の豆撰に出て二人で2円2、30銭の日収を得て市内南京墓側のあばら屋に住んでいるが、彦炷は1919年10月頃から睾丸炎を煩い働くことができず、親子4人は生活に窮した。視察員はこの家庭を訪問し、生活補助としていくらかの救護金を与え、相生橋署からは米一斗がおくられ、彦炷には済生会の施療を受ける手続きを手助けした。その後病気が全快し救護の必要は認められなくなった。

慶尚南道東來郡出身の呉櫨善は1917年来神し、雲井通一丁目の同郷者宅に同居、手伝い業に従事する独身者であるが、1919年2月頃から脚気と淋病を患い労働不能に陥り困窮した。視察員の訪問により、生活補助費として幾ばくかの金が与えられ、済生会の治療を受けることになり、しばらく治療に専念したが、その後郷里の帰ると出て行ったきり音信不通である。

慶尚南道梁山出身の李錫周は1918年春に長崎に来て三菱造船所の職工として働いていたが、1919年10月頃従兄の李某を頼って来神した。しかし従兄は北海道へ移住、三菱造船所に職を乞うも拒絶され身の振り方に困っていたが、視察員が李錫周がやっかいになっている家を訪問、神戸無料職業紹介所に相談した結果、紹介所が三菱造船所と交渉し、職工として採用されることになった。

神戸市役所社会課の「在神半島民族の現状 昭和二年」によると、1925年中に市内各警察署（葺合、三宮、水上、相生橋、湊川、兵庫、林田、須磨）で取り扱った朝鮮人に対する保護救済件数は、合計459件。内訳では職業紹介が首位の118件で、医療の無料投薬、済生会病院への入院を斡旋した件数の58件、施米の給与50件、帰国の旅費貸与と失業救済のそれぞれ41件

と続く。これらすべてに救護視察員が関係したとは考えにくいが、神戸市が方面委員制に移行する前だけに、それなりの役割を担ったことは間違いなかろう。

　この時期の兵庫在住朝鮮人の数はそう多くはない。参考までに1920年国勢調査による兵庫県の朝鮮人は3,770人、内務省警保局による1925年のそれは7,800人である。

●戦前神戸市の教導委員制度

　「市内に在住する朝鮮人の生活向上をはかるため、神戸市に教導委員十五名を設くることとなり、その発会式ともいふべき第一回会合を二十三日午後四時から市立林田食堂（林田は現在の長田）で行ふこととなった」－神戸市の教導員制度を報じた1927年10月23日付『大阪朝日』の記事の一部で、見出しには「他都市に例のない」制度であることが掲げられている。

　教導委員とは、「朝鮮人の事柄を専門に扱う方面委員」だとされる。方面委員とは現在の民生委員にあたる組織で、教導委員は神戸市教導委員規定によって市長が嘱託した名誉職だという。

　上記新聞記事によると、教導委員が取り扱う事柄は次のようなものであった。

①朝鮮人の生活状態を調べて向上の方法を講究すること
②日本人と朝鮮人の融和をはかり社会公共の精神を鼓吹すること
③職業の紹介、住宅の斡旋をすること
④保護救済の方法を講究すること

⑤就学奨励、人事相談に応じること

　こうした制度は、新聞で報道されているとおり他の都市にはなかったであろう。では、なぜ教導員制度が神戸市につくられたのか。そのいきさつを示す明確な資料はないが、制度発足の1ヵ月前に発表された神戸在住朝鮮人の調査報告書、「在神半島民族の現状」（神戸市社会課）が契機となっていることは容易に想像がつく。

　この調査が実際に行われたのは1926年の5月から6月にかけてで、調査は「市内在住朝鮮人の意志を代表し得る有力者」28名に委託された。教導委員の多くはこの調査を委託された28名の中から選ばれているし、教導委員が取り扱う事柄は、調査の課程で明らかとなり、問題とされた事柄であった。

　教導委員は各警察署の管区をそれぞれ担任区域とし、1区域あたり2〜4名が教導にあたり、各区域には常任委員も1名ずつ配置した。

　どのような人物が教導委員だったのか。1930年4月に出された朝鮮人に対する神戸市の2回目の調査、すなわち「神戸市在住朝鮮人の現状」では、各区の教導委員を中心として、19名に調査事務を委託したとして、次の名前を挙げている。

　権奉昭、禹照舜、金正祈、呉達淳、姜聖秀、盧諾奉、崔太文、姜文煥*、崔仁珣*、金守奉、李丙学、朱雲錫、崔在俊*、裴喜源*、朴徳龍*、朴文順、郭寅培*、朴表魯、李海俊*（*印は1回目調査も委託された人物）

　「教導員を中心として」とあることから、この中には教導委員以外の人も含まれているはずである。そこで新聞記事等から、確実に教導委員であった人物を列挙すると、崔仁珣、姜文煥、権奉昭、朴升□、李海俊、韓仁敬　（□は不明字）の6人である。このうち韓仁敬（『民衆時報』広告）、李海俊（1937年の

戦捷、防共の祈願祭の記事）を除く4名は、『又新』が1932年8月初めに連載した住宅問題座談会の出席者である。

このうち韓仁敬、朴升□両人は、神戸市の第2回調査を委託された19人に含まれていない。教導委員のメンバーが一部入れ替わっていることも、充分に考えられる。

また、1930年ハングルによる選挙投票が認められたことにより、同年2月神戸市では朝鮮人9名にハングルの開票事務の委託をしているが、9名のうち1名を除き、2回目の調査を委託した人物と重なっている。

1回目の調査を委託された28名のなかには、左翼系統の人物も若干混じっていた。しかし、左翼系統の人物が教導委員に選ばれることはまず考えられない。実際、権奉昭、姜文煥のふたりは内鮮融和会、崔仁珣は内鮮興助会、崔在俊は良民良心団、李海俊は鮮人救済会、韓仁敬は戊辰協和会といった融和団体のリーダーであり、メンバーであった。これ以外の教導委員と目される人物も推して知るべしであろう。

1932年4月兵庫県内鮮協会が林田区で、朝鮮から妓生を招いて慰安会を行ったことに対し、朝鮮人各団体から批判の声が上がった。団体のなかには内鮮興助会といった融和団体も含まれており、これらの団体と教導委員の有志が、内鮮協会は救済指導といった本来の趣旨を忘れ、朝鮮人の目下の問題を等閑視している、との内容の具申書を知事に提出するという動きもみられた。

11　神戸市の朝鮮人対策

●神戸市社会課の「浮浪者の調査」と朝鮮人

　1933年12月28日、神戸市社会課の25名の課員は東部、中央、西部の三班に分かれ、それぞれ所管警察の応援を得て浮浪者調査を行った。調査されたのは三宮から新開地に至るガード下、その他のルンペン窟。対象となった浮浪者の定義は「一定の住居と生計の手段及び常業を有せざるもの」というもの。
　結果は総数387名でうち日本人330名、朝鮮人57名であった。この調査の報告は翌1934年1月に公表され、新聞（『神戸』1934.1.28）にも報道された。ここでは、この報告をもとに、主に朝鮮人に焦点をあてて見ていきたい。
　なお、報告書の序文によれば、警察の応援を頼んだのは浮浪者が種々の犯罪の源泉であるとの先入観があったためで、また、12月末に調査を行ったのは寒い季節であるから一時的現象の浮浪者はいないと推測したためであるという。
　1933年12月現在の神戸市の人口は約84万人。同年の神戸市在住朝鮮人の正確な人口はわからないが、1930年の13,330人、1935年の18,151人から大体15,000人程度と推測される。この数字をもとに日本人と朝鮮人の浮浪者率を比べると、朝鮮人のそれは日本人のほぼ10倍となる。予想どうりともいうべきか。
　調査の項目は先に見た浮浪者の総数のほか、年齢、出生地、教育程度、配偶関係、浮浪原因、浮浪期間、現在職業、健康状態、労働能力、要救護者の応急処置である。
　調査の各項目において、日本人と朝鮮人で大きな開きがあるのは世帯持の数で、日本人330名中世帯持ちは14名に過ぎないのに対し、朝鮮人は57名中34名が世帯持ちである。また、

教育程度においても日本人の不就学者は330名中78名であるのに対し朝鮮人のそれは57名中43名とほとんどが教育を受けていない。

浮浪原因の項では、失業のためが159名と圧倒的に多く、次いで病気65名、商業失敗15名、家賃支払不能10名、住宅借入難7名と続く。この項は日本人と朝鮮人が区別されていないが、商業失敗は日本人、住宅関係では朝鮮人が多いと推定される。なお、浮浪期間、労働能力の項も、日本人と朝鮮人は区別されていない。

出生地の項で報告書はいう。「朝鮮生まれの五九名は殆ど朝鮮人で然も彼等の大部分は多数の家族を抱へて貧弱なるバラック生活を営んで居り、調査員の質問に答へて曰くに其の何れもが住宅難の為め余儀なく屋外にバラック生活を営むものなりと称するも実際に於て、彼等の現実生活と職業に依る収入の両点より見て之を公平に判断を下すなれば寧ろ家賃を支払ふ能力に乏しくして、自己経済上より不己得ざる結果なりと認めらるる点が多々ある状態である」。

現在職業については「浮浪者之れ即ち拾ひ屋なりと称すべきであって、沖仲仕（船から陸への荷揚げ荷下ろしする港湾労働者）三七名と、土方九名及び行商人八名を除く他の部類は殆ど拾ひ屋と兼業である」とされている。ただ、沖仲仕は二名を除くは

『神戸』1934.1.28

とんどが日本人であるのに対し、土方は九名中八名が朝鮮人である。

健康状態は、日本人が330名中233名、朝鮮人は57名中45名が健康であるとなっており、健康である比率は朝鮮人のほうがやや高い。健康以外は疾病、傷痍、不具廃疾、薬品中毒に分けられているが、朝鮮人の場合は疾病が8名、傷痍が3名、薬品中毒が1名である。

報告書の末尾の部分に「雑報」の項があり、拾い屋が拾い集めた廃物の価格の相場と、拾い屋業の団結について記されている。後者については、高架下の拾い屋有志あいだで日本相互扶助青年同盟準備会なるものが組織され、高架下に仮事務所が設けられたというもの。拾い集められた廃物の売却価格が次第に低下し、生活上の脅威となっていることから値上げ要求をするためだという。

この高架下は鉄道省によって1934年4月から賃貸貸しされることが決定され、高架下をねぐらとするルンペン群は追い出されることになる（「神戸・高架下のスラム」の項参照）。ここに出てくる日本相互扶助青年同盟は、どのような活動を行ったのだろうか。

12 朝鮮人の選挙風景
　　－兵庫県における普選第１・２回総選挙

１）１９２８年の普選第１回総選挙

　「25歳以上の男子は選挙権を有し、30歳以上の男子は被選挙権を有す」を骨子とする普通選挙法が成立したのは1925年3月。これによって日本人と同様、多くの在日朝鮮人も選挙権が付与された。この普通選挙法以前は、直接国税3円以上をおさめる者以外は選挙権は与えられていなかったため、これに該当する在日朝鮮人はごく少数だったと推定される。

　したがって在日朝鮮人の実質的な選挙権の行使は、1925年以降とりわけ1928年2月の衆議院議員の普通選挙からと見ることができる。ここでは、1928年および1930年2月の普選第1回、第2回総選挙の朝鮮人の選挙風景を、兵庫県に限って新聞記事をもとに描写してみたい。

　　　　　×　　×　　×　　×

　兵庫県における朝鮮人の被選挙権の行使は1931年の兵庫県議選挙の韓仁敬からで、それまでは選挙といえば投票活動が主であった。内務省調査による1927年12月末現在での兵庫県の朝鮮人の男子数は7,705人、うち有権者数は935人。参考までに兵庫県以外の在留朝鮮人5000人以上の府県の有権者数は次ページの表の通りである（『大阪朝日』1928.2.4）。

　しかし、有権者名簿からの脱漏もかなりあったもようで、た

195

	（男子数）	（有権者数）
北海道	5,266	649
東　京	13,404	1,084
京　都	8,295	859
大　阪	29,686	4,873
神奈川	5,596	471
愛　知	7,966	569
山　口	4,979	543
福　岡	11,847	未着

とえば豊岡署管内では 14 人の朝鮮人有権者が登録されているが、その後の調査で 20 名の脱漏が発見されたため各村役場の調査に対し非難の声が高まっているとの報道もある（『又新』1928.1.29 夕）。

兵庫県の 935 人の有権者の分布は神戸市内が 450 人、阪神沿線が 330 人となっており、「その中の三分の二は内地の文書を読み書き出来るのであるが、昨年の県会選挙には棄権したものが相当多かったのに鑑み、県警察部では所轄署から場頭を通じたり、或いは内鮮融和会の鮮人学校で広く普選の意味を徹底せしめることにした」（『又新』1928.2.4）と報道されている。1925 年の普通選挙権付与以後行われた県議会選挙では、朝鮮人の選挙権に対する認識は希薄であったことがうかがえる。

これに対し 1928 年の普選第 1 回総選挙では、警察や内鮮融和会の積極的な働きかけが見られる。姫路では「けな気な鮮人が仮名文字の速習法／折角の投票権を使ふと目下稽古中」との見出しで次のように報道されている（『大阪朝日』1928.2.2 神戸）。

「第四区の飾磨町には鮮人の新有権者六十五名いるが、多くは労働者で言葉は通じても日本の文字を知らぬものが多数なので、折角与へられた投票権を行使することが出来ず残念がっていたが、同志の鮮人中、日本の文字を知ったものがいて鮮人有権者のために国字の教授をはじめ同区各候補者の氏名を初歩の仮名書きから教へているが、何分同区には八、九名の候補者が立っているため投票期日までに全部の氏名を書き覚えねばなら

飾磨町の場合日本語を教授した朝鮮人が誰であるか明らかではないが、おそらく比較的早くから日本に在住している"顔役"的な朝鮮人ではないかと推測される。いずれにせよ、こうした警察や融和団体などの取り組みの結果がどうであったのかについては、新聞記事からは分からない。

『大阪朝日』
1928.2.2 阪神

2) 1930年の普選第2回総選挙

1930年の普選第2回総選挙からは朝鮮文字での投票も有効となった。1924年に内務省によって無効とされ、1927年の大阪府下岸和田市会議員選挙でも無効の判定を受けた朝鮮文字による投票であるが、1930年1月31日に開かれた内務省内法令審議委員会で従来の解釈を変更し、有効とすることに決定されたのである。

発表された理由書によれば、選挙法には候補者の氏名記載の文字の種類について制限の規定がなく、ローマ字記載が認められた以上、朝鮮文字を無効とする理由はないこと、1924年に無効とする決定が下されたが当時と近年では在日朝鮮人の数が相当増えており、彼らが日本語を書けないからといって選挙権行使ができないのは不当であると判断したという（『大阪朝日』1930.2.1夕）。

『神戸』（1930.2.2）はこの朝鮮文字投票の有効決定を社説で

取り上げ、「内務当局の英断というべくこれがため内地在住二十七万余の鮮人の喜び、従って内鮮融和の増進は固より我国憲政の一大躍進といわねばならぬ」、「これによって内鮮融和の実を挙げ得るとすれば現内務当局近頃のお手柄といふてよい」などと、内鮮融和に与える影響を強調し賞賛した。

一方、朝鮮人側もこうした決定を好意を持って受け入れた。兵庫県朝鮮労働組合西支部の常任幹部である張黒は、内務省の決定を伝えた記者に対して次の様に述べている(『神戸』1930.2.1)。

「選挙権は与えるが鮮字を認めないとは鮮人を無視すること甚しい不合理であった。これで初めて日本人たる資格を完全に認められたようなすがすがしさを感じる。右の事実は直ちに同志同国人に伝え、来たる選挙には漏れなく正しい一票を行使せしめよう」

当然、この朝鮮文字の投票がどれだけあるのかが興味の対象となった。朝鮮人の有権者数は、先の張黒によれば神戸市内640人、郡部1201人。別の新聞記事(『又新』1930.2.1夕)では、第1区650人、第2区500人、第3区130人、第4区150人、第5区40人(いずれも概数)だとされる。また、「神戸市内の鮮人有権者は林田、葺合を主に約千二百人」との報道(『大阪毎日』1930.2.19神戸)もある。彼らの存在が選挙に与える影響はどうだったのか。投票日は2月20日であった。

次のような報道がある。「(西宮では)山村製壜所に『諺文なら書ける』という職工が多少いるので、投票当日そうした若干の変わり種が投票にいくものと見られている」(『神戸』1930.2.18)。この報道を見る限り、朝鮮文字による選挙権の行使は選挙の大勢に影響を与えるものと見られていたとはいえない。逆に、大勢に影響与えるようなら、朝鮮文字の投票有効が

認められただろうかという論も成り立つ。

 とはいえ、新聞見出しに「朝鮮文字の投票有効でホクホクの無産候補」とに書かれるように、無産政党の候補者はこぞってこれを歓迎した。これは兵庫ではなく大阪の例であるが、無産大衆党の来栖七郎候補は、彼が立候補した大阪二区の浪速区方面には約 3000 人の朝鮮人有権者がいることを前として、次のように語っている（『大阪毎日』1930.2.1 夕）。

 「借家問題や、そのほか水平運動から見てもわれわれと共通の点がふだんから多いのです。従来は鮮人仲間の親分格が票を集めたりして相当弊害もあったが、もし朝鮮文字の投票が許されることになれば、大概の有権者は自力で投票権を行使することになるから、こうした弊害は根本から取り除かれるでしょう。かつ人種平等の観念からいっても、至極好感を与えるだろうと思う」

 同記事で来栖七郎は朝鮮文字の立て看板を使用していると報じられているが、神戸では日本大衆党の河上丈太郎候補が立て看板に朝鮮文字を使用した（写真参照－記事の中では「神戸でもその鮮人の投票を狙って河上候補の立て看板はきのうから鮮文字がくっついた。この効果はいかん、これも興味で見られる」と書かれている。－『又新』1930.2.9）。

 しかし、朝鮮人有権者によって得票が期待されたのは、無産政党に限られたものではなかったようだ。尼崎では「内鮮同愛

会／中馬氏応援」との見出しのもとに、次のような記事が掲載された（『神戸』1930.1.26）。

「尼崎市宮内町内鮮同愛会の選挙対策委員会を二十五日開くのを繰上げ二十四日夜開催、総選挙に推すべき候補の人選につき協議した結果周囲の事情を考慮し遂に中馬興丸氏を講演することに決定、近日推薦状を発送するが今後三回の推薦演説会を尼崎、小田方面で開催する。なほ他の鮮人団体二三でも二十六日夜対策委員会を開いて態度を決すると」

中馬興丸は憲政会から立候補、当選した人物で、当時尼崎で総合的な中馬病院を経営、医師として朝鮮人との接触も多く、地域住民の信望が厚かったといわれる。一方、内鮮同愛会は1928年段階から選挙権行使には積極的で、1932年の尼崎市議会選挙では中心人物の朴炳仁が立候補して当選した。

朝鮮文字による投票が認められれば、実際に投票された朝鮮文字による票が読めなければならない。この問題をどうするのか。内務省では全国府県へ、朝鮮文字のイロハや全候補の朝鮮文字を調べたものを印刷し、参考として送ることにしたという。

これではたしてうまくいくのかと新聞でも危惧されているが（『又新』1930.2.9）、神戸市では朝鮮人を開票事務嘱託として採用した。すなわち2月18日、「神戸市内鮮融和会から政党政派に関係のない」9名を選び、市役所内の水道、衛生、社会各課の各1名を合わせ、合計12名を朝鮮文字開票事務嘱託として神戸市内の12開票所に配置することにしたのである（『大阪毎日』1930.2.19 神戸）。融和会から選ばれたのは次の9名である。

李丙学、金守奉、韓任段、裴喜源、権奉昭、呉達淳、姜文煥、郭寅培、禹熙舜

ここでいう融和会は内鮮融和会のことであろう。権奉昭、姜

文煥の両名は内鮮融和会のメンバーだからだ。

なお神戸市は、1930年4月に『神戸市在住朝鮮人の現況』という調査報告を出しているが、この調査事務を委託された19名に、韓任段を除いた残り8名が名を連ねている。彼らは神戸市にとって「市内在住朝鮮人の意志を代表しうる有力者」だったのだろう。

また姫路地方の飾磨町では、朝鮮文字の翻訳者がいないと不便だとして、福島紡績飾磨工場人事係の朱慶元を朝鮮語投票の翻訳係に嘱託した(『大阪朝日』1930.2.36 神戸)。なおこの記事によれば、姫路地方の朝鮮人有権者は姫路市13人、城南村32人、飾磨町74人など約120人で、とくに飾磨町在住朝鮮人は前回の総選挙でカタカナの稽古をしたが、今回はそれをしなくてもいいので大助かりだと報道されている。

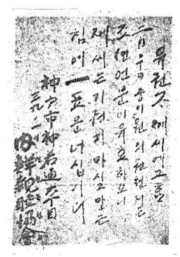

『大阪朝日』1930.2.6 神戸

棄権防止を訴える朝鮮語のステッカーも登場した。川崎造船兵庫分工場の朝鮮人団体である内鮮親睦協会が作成したビラで、2月5日から市内の各所に張り出されたとある(『大阪朝日』1930.2.5 神戸)。新聞記事の訳文は「有権者諸君に告す、二月二十日行われる衆議院選挙には朝鮮諺文は有効です。諸君は清き一票を棄権せず有効に投ぜられたい」というものであった。

選挙の朝鮮文字投票の有効化によって、どれくらいの朝鮮人が朝鮮文字投票を行ったのか。残念ながら新聞記事からは分からない。

13 宗教関連のはなし

● 神戸で初めての朝鮮人キリスト教会

　1919年2月10日付『神戸』によれば、1919年当時神戸市には「関西学院神学部を初め、同中学部、神戸神学校、女子神学校等に二十名内外の朝鮮人が在学」しており、これらの「学生のなかには近く牧師となる資格を有するものが二名」いたという。また、当時市内在住の朝鮮人労働者は「三宮署部内を筆頭に、兵庫署部内その他に約一千名」がおり、「毎日曜日に有志が大日通七丁目の朝鮮基督教講義所へ集まって、聖壇のもとに礼拝」を行っていたという。

　おそらくこの記事が、神戸における朝鮮人のキリスト教活動について触れた初めてのものでないかと思われる。記事全体の内容は、3月3日の高宗の国葬日に20名の留学生が朝鮮人労働者を勧誘し、基督教講義所で遙拝追悼式を行うべく準備中であるというもの。しかし、国葬日での追悼式の計画は、「在神鮮人と国葬日なる十日の本誌記事に対し大日通七丁目朝鮮基督教講義所より目下さる計画無しとて取消方を申越したれば取消す」（同 1919.2.12）として取り消されている。

　上の記事についてもう少し説明を加えれば、関西学院（現関西学院大学）と神戸女子神学校（現聖和大学）は1930年を前

後していずれも西宮に移転したが、当時は神戸市内にあった。とくに関西学院は現在の王子公園にあって、朝鮮基督教講義所があったとされる大日通りに近い位置関係にある。また、1907年設立の神戸神学校は賀川豊彦が出た学校として有名である。神戸女子神学校は 1880 年の設立の日本最古の女子神学校とされるが、朝鮮との関係では、1934 年 3 月に沈薫の有名な小説『常緑樹』のモデルとなった崔容信が、3 カ月という短い期間ながら留学したという。

×　　×　　×　　×

この時の留学生で名前が分かるのは関西学院神学部の羅枢健である。1921 年 4 月には神戸神学校に方遠成（28）が入学しており、また神戸女子神学校には方遠成の従妹が在学中だと報道がある（『大阪毎日』1921.4.14）。

この新聞記事によると方遠成は、1919 年に神戸に来て「多聞通本願寺説教所に開かれた李太王追悼式の席上激越な口調で排日的宣伝演説を試み当局の注意を受け」、その後朝鮮に帰国し当地の官憲に捕まって 6 カ月の刑を受け、さらにソウルでも 6 カ月間未決のまま拘禁されたという。おそらく 3・1 独立運動に参加していたのであろう。

こうした経歴から神戸神学校では「只さへ米国宣教師と排日鮮人との間に何らかの脈絡ありと目さるる今日面白からず」と入学に難色を示す主張があったが、同校の溝口悦次が「教化する」との主張で入学が許可されたという。方遠成らは「排日の巨頭」である羅枢健と日々往来しているという警戒喚起がこの記事の主旨でもあるが、朝鮮人の独立運動への警戒ぶりがこうした新聞記事にも現れている。なお、溝口悦次は、後の新聞記事（『大阪朝日』1922.12.6）の中では、神戸神学校校長として出てくる。

×　　×　　×　　×

　甲号要視察人で当局から「排日の巨頭」とも目された羅枢健は、1917 年に来日し関西学院神学部に 5 年在籍した後、1922 年 4 月に帰国した。在神中の主な活動としては 1920 年 5 月の神戸労働済進会（以下済進会）の設立があげられる。

　神戸で初めての朝鮮人労働団体ともいうべき済進会は、当初人参商の金永達が会長であったが内紛が生じ、1920 年 9 月からは羅枢健が会長となった。会長になるとすぐ、10 月に東京で開かれた世界日曜学校大会に出席したため、「同会を基督教化せんとする意向」だとして当局から疑惑の目で見られている（『神戸』1920.12.15）。

　これに対し羅枢健は「日曜学校大会に出席したのは当会を基督教青年会として其方面から補助を仰ぐと云う意味ではなく、あの大会に朝鮮人の宣教師が五百名ばかり来るということであったから其人達に相談して、単に同郷人といふ立場から神戸に来ている弱い貧しい鮮人達を補助して貰いたいという意に外ならなかった」と弁明している。結局、世界日曜学校大会に来た朝鮮人宣教師は 10 名ほどで、所期の目的は達成できなかったという。

　　　　　　×　　×　　×　　×

　羅枢健は済進会とは別に、朝鮮人の宗教団体として「半島教会」の設立を目指して活動していた。しかし信者はわずか 17 名しかいなくて教会の設立もできず、「日曜日毎に関西学院の講堂などを借りて説教して来た」（『神戸』1922.4.5）という段階で帰国することになった。

　羅枢健の後任として朝鮮基督教伝道本部にいた金仁紳牧師が着任したことにより、教会設立の動きは一挙に進展する。すなわち、葺合野崎 1 丁目に朝鮮人の教会を設立すべく、県当局に

出願した。「当局でもその趣旨に賛し不日許可さる筈、若し正式に発会成長すれば神戸に於ける最初の鮮人の宗教団体である」(『大阪朝日』1922.4.5) と報じられている。

金仁紳牧師は『東亜日報』の記事では金二坤牧師となっている。おそらく、『東亜日報』の方が正しいであろう。この 1922 年 3 月 29 日付『東亜日報』の記事は、金二坤牧師のもと 3 月 19 日に信徒 20 数名で創立礼拝を行ったというもの。教会の場所は『大阪朝日』の報道と同じである。したがって『大阪朝日』の記事は、すでに実質的に教会は創立されているが当局の許可がまだおりていない情況を報じたものと見ることもできる。創立礼拝後には、金牧師歓迎会が李香雨宅で開かれた。

こうした一連の動きからみて金牧師は、朝鮮基督教伝道本部から教会設立の命を受けて来神し、羅枢健の後を引き継いで直ちに教会を設立したものと推測される。なお李香雨はその後、神戸朝鮮労働組合などの幹部として活動するが、教会創立礼拝参加などからみてクリスチャンであった可能性が高い。

× × × ×

羅枢健の帰国により済進会は自然消滅となったようだ。その復活を目指して関西学院神学部の李重煥が、日本人キリスト教信者らの後援を得て「同情会」を組織、朝鮮人労働者の勧誘、救済に乗り出したとの報道がある (『大阪毎日』1922.6.26)。この「同情会」との関係はよく分からないが、同じ頃に神戸朝鮮労友会が組織される。その当初の理事には神港教会溝口牧師、兵庫教会田中牧師、福音教会佐藤牧師、基督教青年会総主事奥村龍三らのキリスト教関係者が名を連ねている (『神戸』1922.8.5)。

神戸の朝鮮人の組織化にあたり、その初期においてはキリスト教が深く関係していたことがうかがえる。なお李重煥は、

1925年4月に創立された神戸朝鮮労働同盟会の所代会長になる人物である。

『大阪朝日』1922.4.5（神戸）

×　　×　　×　　×

　神戸で初めての朝鮮人教会が、その後どうなったのかについては不明である。しかし、在日朝鮮人の増加とともに朝鮮人キリスト教徒も増えていったことは、「鮮人に基教を布教」との見出しによる『大阪朝日』（1924.3.11）の記事からもうかがえる。

　「大阪、神戸、明石並びに阪神沿線に在住する朝鮮人基督教信者は八日午後から武庫郡西宮町摂津護謨会社社宅李成執方に代表者二十五名会合して協議の結果、日本関西朝鮮耶蘇教信徒会なるものを組織して鮮人仲間に布教することとなり会長に神戸神学校生徒の朴尚東を推し外に書記、会計各二名を選挙して翌九日午前一時頃漸く散会した」

●在神朝鮮人の仏教会館設立

　1934年3月30日付『大阪朝日』（神戸版）は、「内鮮興助会本部内在神朝鮮人仏教会館設立期生同盟会では、朝鮮古代仏教の振興をはかり一般朝鮮人の宗教心を喚起するため本土より高僧を招き、仏教会館を設立する」ことになったと報じた。

この仏教会館設立の経過については、『中外日報』（1934.5.8）がもう少し詳しい記事を掲載している。すなわち「最初西本願寺兵庫教区谷治管事等が内鮮融和協会の事で、昨年八月頃世話した」ことがきっかけとなり「以来教務所に西本願寺信徒として鮮人が盛んに往来するやうになって……朝鮮人の仏教宣布所を作りたいといふので、谷治管事等教務所の人々が斡旋して前田任氏が西本願寺側の主任となり、朝鮮人の朴松波、李□善氏等六名ほどの僧侶がここに陣容を固め、神戸を初め尼ヶ崎から伊丹の方まで教線を伸ばして素晴らしい朝鮮のお寺」（□は不明字）になったというものである。
　『中外日報』は1877年10月に発刊された仏教系宗教紙で、今日に至るまで刊行が続けられている。
　一方、内鮮興助会は1931年6月、神戸市林田区（現長田区）で日本人が発起人となって設立された組織で、当初は朝鮮人の住宅問題、35年以降は朝鮮人の防空意識の徹底などの活動に力を注いだ。紹介部、救護部、交渉部などを設け、朝鮮人の職業紹介や診療・給食活動、借家紛争の調停などの日常活動のほか、失業朝鮮人を満州へ送るための現地調査なども行った。
　なぜ内鮮興助会内に朝鮮人仏教会館設立期生同盟会が組織されたのか。新聞記事からは詳しいいきさつはわからないが、『中外日報』の記事に西本願寺側の主任として登場する前田任という人物が関係しているものと推測される。前田任は、1935年4月に創刊された月刊機関誌『内鮮興助会業績月報』の発行を担当するなど、内鮮興助会の有力メンバーのひとりであるからだ。
　1934年4月1日に行われた仏教会館設立による入仏慶賛会のもようは、次のように報道されている。「在神鮮人仏教会館設立期生同盟会では老若善男善女の会員三百名が鮮服合掌姿で一日午前十時林田区二葉町六丁目に集合し、六間道筋から大橋、

東尻池交差点を経て梅ヶ香町一丁目の新設会館式場まで大奉仏行列を挙行したが、内地における朝鮮人の奉仏行列は最初のことで人目をひいた」(『大阪朝日』1934.4.2)。

設立間もなく仏教会館は本格的な教化運動に着手し、5月16日には本願寺ならびに市教育課の後援のもとに講話と映画の会を開催、翌17日にはこどもの会を開催した(『又新』1936.6.16)。また7月26日には同会館で五穀祭を執行、その後防空思想を徹底させるための防空講話会を開いた(『大阪朝日』1934.7.26)。防空意識の高揚のための活動は、内鮮興助会の活動と軌を一にしているともいえる。

仏教会館の設立当初から、西本願寺の説教場としての公認が急がれていた。『中外日報』(1934.6.1)では公認の活動について「去月(5月)二十五日有力信徒総代金文圭、趙好得、金善大、同大仁、同元午氏等は内鮮興助会前田任氏と共にその手続に兵庫教務所に谷治管事を訪問し、同所の担任教師を依頼する処あった」と報じている。有力信徒名で「同」とあるのは金のことと思われるが、西本願寺側でもこのことは「他にも重要な反響がある」ため近く正式に公認手続を取ると報じられた。

しかし、公認の問題は翌年に持ち越されたようだ。1935年3月20日付『中外日報』は次のように報じている。

「過去一年の成績に省み、教化方針に進展を計り、去一月西本願寺から本尊を下附されたのを契機に朝鮮仏教固有の色香を復活することを決定し、先づ従来居住していた朝鮮僧三名を放逐し、権威ある日本仏教系統の鮮僧を招聘し、近く公認説教所設立の認可も得べく手続中である。これが説教所として認可された暁は内地大本山を背景とする本邦唯一の朝鮮人教化機関として、之が発祥の兵庫県より漸次全国的に及ぼし鮮人大衆に対し実生活に即した宗教活動を協調しようと関係者は大いに意気

込んでいる」

　なぜ従来居住していた朝鮮僧が放逐されなければならなかったのか。背景として宗派対立のようなものがうかがえるが、そのことが公認の遅れにつながったのだろうか。詳しい事情はよくわからない。また、実際にいつ公認されたのか、その後の活動はどうであったのか。それらについての新聞報道はない。

14　番外－朝鮮本国のはなし

● ノダジ

　ノダジ（노다지）とは、「豊富な鉱脈」、「大当たり」、「幸運」の意味を持つ朝鮮語である。しかしそれは純粋な朝鮮語ではなく英語の「ノータッチ」がなまったものだとされる。そしてそれは雲山金鉱に端を発したものではないかと推定される。

　19世紀末、朝鮮におけるロシアの影響力が一時的に高まると、欧米列強は「機会均等」を主張し、競って鉄道や鉱山などの利権獲得に奔走した。1896年米国人モースは雲山金鉱の採掘権を入手し、同年ロシアも咸鏡道慶源の鏡城鉱山を契約した。続いてドイツは1898年江原道の金城、堂峴金鉱の採掘権を奪い、またイギリスも同年殷山金鉱の採掘権を獲得した。

　雲山金鉱のいきさつについてもう少し詳しくみてみよう。雲山金鉱は朝鮮王室の管轄下にあった。1894年の甲午改革で王室財政を縮小しようとしたが高宗はこれをきらい、人参と鉱山については王室の管轄下に置いたのである。雲山鉱山は、後に駐朝鮮米国公使になるアレンの斡旋でモースに採掘権が与えられた。朝鮮王朝との共同経営名目で、株を朝鮮王室に納入した。

　雲山金鉱の採掘権などの利権が米国に与えられたのは、もちろん朝鮮王室の財政のためであるが、高宗はそのみかえりも期

待したといわれる。すなわち高宗は、朝鮮の中立的立場の保障を米国に期待したのである。しかし、それはかなわなかった。

モースは1896年に採掘権を得て、雲山鉱山に鉱山機械を設置し、技術者を派遣して本格的に採掘に着手しようとしたが、現地鉱夫は激しくこれに抵抗したとされる。「ノダジ」が登場したのはこの時であろうか。彼らは最新設備を動員して金鉱を探掘し、質のよい鉱脈を発見すると、そこに「ノータッチ（No Touch）」と朱書きした。また武装した護送員によって運ばれる金も「ノータッチ」であった。

なお、朝鮮では金のことを別銀ともいう。なぜ金が金ではなく別銀と表現されなければならなかったのか。それは李朝時代全般にわたって金鉱の採掘が禁止され、はなはだしきは金の取り引きすら禁じられたことに由来するという。

李朝時代初期は金の生産量が少なく、年々増加する明への貢物としての金の流出を配慮したことから金の採掘が禁止された。しかし17世紀には砂金の採取などで金を扱う金店が発達したが、治安上の問題から禁止されていき、19世紀にはほとんどすべての金店が禁止された。

そして19世紀末の欧米による金鉱の採掘権獲得の時代を迎えるのである。

● 日露戦争に従軍した朝鮮人将校

『萬朝報』1905年4月6日付に、「韓国将校の戦評」との見出しで日露戦争に参加した朝鮮人の記事がある。内容は、観戦将校として日本軍に従軍した朝鮮人が軍事的評論を述べたもの

だが、なぜ朝鮮人が日露戦争に従軍したのだろうか。

記事の主は金寬鉉。忠清道高山県出身で28歳、1895年日本に留学し1900年［1899年］に陸軍士官学校を卒業して陸軍少尉に任ぜられ、出身地から高山光之助と名乗ったとある。任官後韓国に帰り陸軍参尉（将校）となってソウルで韓国軍の教練に従事していたが病のため職を辞し、再び日本に渡り、日露開戦時には観戦将校として戦地に赴き、銃創を受けて広島の病院に収容されているところを取材されたとなっている。

金寬鉉の留学した1895年は、多くの留学生が渡日した年であった。韓末の渡日留学生は尹致昊や徐載弼らの創始期のあと、甲申政変によって10年ほど途絶えていた。1895年日本の後押しで成立した金弘集内閣の甲午改革を契機に再開され、この年の5月から11月にかけて2百名を越える留学生が渡日し、そのうち191名が慶応義塾に入学した（早稲田大学ウリ同窓会編『韓国留学生運動史』）。金寬鉉もその1人。新聞記事では金寬鉉以外に尹致誠、張寅根、金鴻南の三名が観戦将校として日露戦争に従軍しているとあるが、これら三名もいずれもこの時に日本に留学した（『大韓帝国官員履歴書』）。尹致誠は元韓国大統領尹潽善の叔父でもある。

1年で慶応義塾の特別普通科を卒業した金寬鉉は、東京の成城学校に進む。他の三人のうち陸軍予備学校に入った尹致誠をのぞく2人も成城学校に入学した。1898年11月、彼らはそろって陸軍士官学校に入学した。この年陸軍士官学校に入学したのは21名で、その中には旧韓国軍大佐・武官学校校長となり、後米国に亡命し3・1運動以後は上海臨時政府の要員として活躍した盧伯麟らも含まれている（李基東『悲劇の軍人達－日本陸士出身の歴史』）。

1898年といえば閔妃殺害後の義兵闘争や独立協会（19世紀末期の朝鮮開化派の運動

<small>団体で朝鮮への立憲君主制導入を目指す</small>）の愛国啓蒙運動で朝鮮国内は騒然としており、留学生を送り出した金弘集内閣も 1896 年に親露派の勢力により倒され、ロシアの勢力が強まっていた時期であった。陸軍士官学校が多数の朝鮮人留学生を受け入れたのは、こうした情勢にあって親日的軍隊を再編成しようとする意図があったのかもしれない。

翌 1899 年秋に陸軍士官学校を卒業、金寛鉉は陸軍歩兵第 3 連隊見習となった。騎兵第 1 連隊見習の尹致賊を除き、他の 2 人も歩兵連隊見習である。大韓帝国での任官は 1900 年七月、尹致賊が陸軍騎兵 3 尉、他の 3 名は陸軍歩兵 3 尉に任命された。

戦争に従軍したのは 1904 年の 6 月（尹致賊のみ同年 2 月）である。韓国の軍隊に任官されそれを指導する立場にあった彼らが、日露戦争を格好の実戦実習の場であると考えたとしても不思議でない。従軍の意図はそのへんにあったと推測される。

翌年の 5 月の金寛鉉を筆頭に七月までにそれぞれ朝鮮に帰国した。帰国後 1906 年段階の役職は、金寛鉉が陸軍歩兵正尉、尹致賊が騎兵副領を経て侍従武官（1907 年）、張寅根と金鴻南がいずれも武官学校教官であった。

『萬朝報』1905.4.6

新聞記事の主題である戦争評は省くが、記事の最後で金寛鉉は「余は陀までも韓国軍隊の改善を仕遂ぐる決心なれど、今の韓人相手にては駄目なり。故にまず幼年のものに精神的教育を充分に施しその長ずるを持て之を軍人に仕立て、以て弊邦陸軍の改善を全とうせんと思へり」と語っている。しかし、この思いが実現することはなかった。2 年後の 1907 年 8 月から、日

本の圧力によって朝鮮の軍隊は解散させられてしまったからである。

なお金寛鉉は併合後、総督政治のもとで道知事を歴任し、中枢院３議に勅撰されている。

●朝鮮競馬令

1930年代に入り朝鮮でも競馬が盛んになってきた。京城、平壌、釜山、大邱など朝鮮の6ヶ所にクラブ（会長はいずれも日本人）が設立され、それぞれレースを行っていたし、これ以外に新聞社や地域団体主催のレースも毎年20ヶ所以上行われていたという。

こうした競馬には法的根拠はなかった。しかし競馬がさかんになるにつけ、明確な法的根拠に基づいた開催と監督が必要となった。しかして1932年10月7日、宇垣一成朝鮮総督によって朝鮮競馬令が公布されたのである。

この朝鮮競馬令には、競馬の統制のほかにもう一つ重要な側面があった。それは軍馬補充を目的とした民間における馬の増殖の奨励であった。いわゆる産馬奨励である。

競馬令の公布について、朝鮮総督府関係の書物には次のように書かれている。

「従来競馬は鮮内各地に行はれたるも其の大部分は馬の改良増殖及馬事思想の普及を目的とするに非ずして単に賭事を目的とする娯楽機関に過ぎざりしを以て昭和七年一〇月朝鮮競馬令を制定し昭和八年一月一日より之が実施を見従来不統制なる競馬の弊を一掃し馬産と相関連せる公正なる競馬を施行せしむる

ことになりたり」

　30年代においても軍事用としての馬の価値は依然高かった。日中戦争時、大砲などの輸送においては、故障がちでしかもいったん故障すれば全滅の危険性もついてまわった日本製のトラックに比べ、馬の方がよほど信頼できたという話もあるくらいだ。

　しかし、在来の朝鮮の馬は「体格極めて矮小にして往事に在りては兵用、官用を目的として産馬を図り民間に於いては僅かに山間険路の小貨運搬、旅客の乗用若は祭葬儀礼の用に供するに止り産業上に利用されたること極めて尠かりき」状態であった。要するに軍用としては使えないため、総督府によって馬の改良増殖計画が進められたのである。

　ちなみに、1929年時点で日本に150万頭の馬がいたのに対し、朝鮮にはわずか57,500頭しかおらず、しかもその大半が未改良の朝鮮在来馬であった。

　馬の改良増殖事業として総督府は、1916年に江原道准陽郡蘭谷面に旧勧業模範牧場を設置、翌17年に蒙古牝馬40余頭を輸入し日本産洋種牡馬と配合した。これが新朝鮮馬で、以後新朝鮮馬の増加を図ることが計画の中心となった。

　1919年には、咸鏡北道で国庫補助により種馬所を経営し、32年からは国立種馬牧場とした。年間500頭内外の種付けが行われた。また、蘭谷牧場は29年からを李王職（宮内大臣の管轄下で朝鮮王公族の家務を掌る機関）に移管し事業を継承させている。

　法的措置としては1919年以降は馬の移入税を廃止。また、種馬は5頭分、競争馬は10頭分に対しそれぞれ3割までの鉄道運賃を割引くなどの措置が取られた。

　こうした産馬思想は、競馬令にも貫徹された。すなわち32年12月に公布された朝鮮競馬令施行規則では、新朝鮮馬や蒙

古馬の競技は特別に優遇されたり、3歳馬および改良増殖に役立たない去勢馬、朝鮮在来馬の出走が禁じられている。

　総督府は馬産新計画として、1933年から5ヶ年計画で3万頭を増殖する目標を掲げた。その財源として「競馬による馬券の売上高三百万円と見込、その国庫納付金たる十五万円を充当」しようとした。1934年の勝馬投票券発売総額は220万円であった。

※朝鮮総督府農林局『昭和九年　朝鮮の農業』（1936.1）などを参照。

あとがき

　わたしがむくげ叢書として『兵庫朝鮮人労働運動史　八・一五解放前』を出版してから、かれこれ30数年が過ぎた。労働運動史以外で『むくげ通信』に発表してきたものを、書籍にまとめなければならないと思いながらも、これだけの歳月が流れてしまった。年賀状に、ことしこそは本にして出したいと何回書いたことか。

　わたしが最初に出版したいと考えていたのは、植民地時代の朝鮮における中国人労働者の本である。これまで『むくげ通信』に多くの関連論文を発表してきた。それを集めれば一冊にまとめられるはずだ。ただ、手直ししなければならない部分が多くありそうで、なかなか取りかかる気になれなかった。

　今ひとつ考えていたのは、これも在日朝鮮人関係ではない、例えば朝鮮のアナキズム運動の歴史とか初期の写真家の研究とか、神戸にいた『大韓毎日申報』の創設者ベセルなどの論文の集成である。ただ、テーマがバラバラであるため、まとめるのが難しそうだった。

　あれこれ考えているうちに、ふと思いついたのが「史片」である。これまで書いた分量のかなりあるし、しかも兵庫県の在日朝鮮人に関するものがほとんどである。さらに手書きした原稿はほとんどないので、新たに入力する必要もない。

　ということで、昨年、『むくげ通信』の「史片」の部分をコピーし読み直してみた。必要ないと思われる部分を省き、間違いを修正するためのアカを入れた。しかし、しばらく中断して

あとがき

いるうちにまったく忘れ去っていた。中断の原因は、縦書きの本にしようと思ったことだった。横書きで入力した原稿を縦書きに変えようとしたが、めんどうになってしまったのである。

ことしの5月頃になってその事を思い出し、再び作業に取りかかった。縦書きにすることはあきらめた。そうしてできあがったのが本書である。

挿入写真の多くは新聞記事から拝借した。該当する記事自体を挿入したのも多い。もとの記事そのものが不鮮明であるため、見出しだけを読めればいいものもある。兵庫県以外の読者のために地名入りの地図を入れたかったが、かなわなかった。テーマのなかにははかなり昔に書いたものもあるので、時代的に多少感覚がずれている部分があるかもしれない。ご容赦願いたい。

なお、この本の「神戸・高架下のスラム」、「関西普通学童の設立」は、むくげの会編『新コリア百科』（明石書店、2001年）に再掲載し、また「神戸の伊藤博文の銅像と大倉山公園」の一部も、前掲書に「大倉山公園散歩」として掲載したものであることをお断りしておく。

あれこれ言い訳めいたことを書いたが、ともかく本書を読んで、兵庫の在日朝鮮人にこんな歴史の一幕があったのかと思っていただければ幸いである。

2024年8月　　　　　　　　　　　堀内　稔

堀内　稔（ほりうち　みのる）

1947年京都府舞鶴市生まれ。神戸市立外国語大学卒業。むくげの会、在日朝鮮人史運動史研究会関西部会会員など。著書に『兵庫在日朝鮮人労働運動史―八・一五解放前』（むくげの会、1998）。『むくげ通信』、『在日朝鮮人史運動史研究会』などに論文を発表。

むくげ叢書⑦

兵庫と朝鮮人―こぼれた歴史を拾って―

２０２４年９月１０日発行（３００部）
著　者　堀内　稔
発　行　むくげの会

〒657-0051 神戸市灘区八幡町4‐9‐22（公財）神戸学生青年センター内
TEL 078‐891‐3018　FAX 078‐891‐3019
郵便振替＜01120‐5‐46997 むくげの会＞
E‐mail　hida@ksyc.jp
ホームページ　https://ksyc.jp/mukuge/
印刷　ミウラ印刷
定価　1500円＋税

ISBN978-4-944125-07-4 C0036 ¥1500E
※当会の出版物は地方小出版流通センター扱いです。
乱丁・落丁はお取り替えいたします。

むくげの会 出版案内

むくげ叢書

1. 金英達／ＧＨＱ文書研究ガイド　在日朝鮮人教育問題
   Ａ５　128頁　1000円　1987.7
2. むくげの会編著／植民地下朝鮮・光州学生運動の研究
   Ａ５　162頁　1500円　1990.11
3. 信長正義／キリスト同信会の朝鮮伝道
   ＜品切れ＞　Ａ５　279頁　1500円　1996.4
4. 佐々木道雄／朝鮮の食と文化－日本・中国との比較から見えてくるもの－　＜品切れ＞　Ａ５　235頁　1800円　1996.4
5. 堀内　稔／兵庫朝鮮人労働運動史　八・一五解放前
   Ａ５　248頁　1800円　1998.10
6. 寺岡　洋／ひょうごの古代朝鮮文化－猪名川流域から明石川流域－　Ａ５　248頁　1000円　2012.5

＊

- 「延辺朝鮮族自治州概況執筆班」著・大村益夫訳／中国の朝鮮族
  Ａ５　233頁　2800円　1987.11
- むくげの会編著／むくげ愛唱歌集　朝鮮の歌・全一〇七曲
  ※復刻版発売中　Ａ５変形判　120頁　800円　1985.6
- むくげの会訳／趙世熙小品集　こびとが打ち上げた小さな球、メビウスの帯ほか　Ａ５　161頁　700円　一刷1980.3／二刷1981.6

◆ 全錫淡・崔潤奎著／梶村秀樹・むくげの会訳／朝鮮近代社会経済史
  龍溪書舎　Ａ５　331頁　3300円　1978.6
◆ むくげの会編／朝鮮一九三〇年代研究（むくげの会10周年記念論文集）
  三一書房　Ａ５　254頁　3800円　1982.10
◆ むくげの会編／新コリア百科－歴史・社会・経済・文化（むくげの会30周年記念論文集）　明石書店　Ｂ５　530頁　4600円　2002

＊

■『むくげ通信』（隔月発行）　　　年6冊　購読料　1800円／年

■『むくげ通信』合本（一年分が一冊）　　　600円〜1100円

むくげ叢書刊行にあたって

むくげの会は、日本人の立場から朝鮮語や朝鮮史を学ぶグループとして、一九七一年一月に発足しました。当時は「朝鮮」に対する一般的関心が低かったからでしょうか、朝鮮関係の書物の出版はそう多くはありませんでした。朝鮮に関係する本なら、かたっぱしから購入することもできました。

しかし、最近は全くの様変わりです。大きな本屋では、アジア関係のコーナーに朝鮮関係の本がずらりと並び、ジャンルも文学、社会、歴史はもとより、民俗や紀行のたぐいに至るまで、非常に幅広くなっています。安月給では、これらをすべて買うことは不可能になってきています。それだけ「朝鮮」に対する関心が高まってきたのでしょう。

朝鮮関係の本が氾濫する今日ではありますが、しかし、いざ本を出版しようとするとそう簡単ではありません。やはり商業ベースにのりにくいという条件はついて回ります。とくに専門的に限られた内容であればなおさらです。いい企画、内容であっても商業的にのりにくい本。むくげ叢書はこうした本の出版を目指します。もちろん、会員の研究活動がベースとなります。過去の研究を集大成して一冊の本にまとめてみようという企画であればとくに会員には限定しません。

むくげ(無窮花)は、植民地下の朝鮮における抵抗運動を象徴する花だと言われています。むくげの会はこの花を会の名称にし、一九七一年以来研究会を中心とした活動を続け、さらに手作りの『むくげ通信』(隔月刊)も発行してきました。今回のむくげ叢書の刊行は、これまでの活動をさらに深化させるものでもあります。

むくげ叢書は、今後二十冊くらいを予定しています。幸い、会の発足以来、活動費として毎月いくらかずつを積み立ててきました。それが多少まとまった資金となっています。これを有意義な出版活動に充てたいと思います。

むくげ叢書が、日本と朝鮮のよりよい関係づくりの一助となることを期待してやみません。

一九八九年五月　むくげの会